般若

仏教の智慧の核心

まえがき

東京大学生産技術研究所で十三年、東京工業大学制御工学科で十八年務めさせて頂いた筆者ですが、東京工業大学時代から、定年後にシンクタンクを立ち上げて、大学とは異なった研究・教育をしたいとの夢を持っていました。

そしていよいよ停年を迎え、「自在研究所」略称「自在研」なる名前のシンクタンクを、株式会社として立ち上げました。株式会社と言っても、金を稼いで株主に配当することは殆どせず、全員了解の下に、稼ぎは部屋代と事務員の給与のためだけで、株主も研究員に加わって貰い、できるだけ自在に、創造的で面白い研究ができるように計らったのです。

いざ研究を初めてみると、国立機関とは異なり、これはしてはならない、あれはすべきだ、などの制約はなく、思う存分に羽を伸ばして研究できました。その一つが「仏教」でした。

有り難いことに、筆者は小学校時代から、「何時かは仏教を本気で学びたい」との願いを持っており、そのせいもあってか、自在研を立ち上げて直ぐに、現在、臨済宗妙心寺派の龍澤寺専門道場師家《しけ》の後藤榮山老大師に仏教をご指導頂く縁に恵まれたのです。また、それと殆ど同時に、新宗教の立正佼成会とも縁が結ばれ、さらに、東京大学文学部インド哲学科名誉教授の平川彰《あきら》先生にも師事し、ある程度、仏教学を身に付けることができました。

後藤老大師には、二十年間に渡って、毎月第二土曜日の午後、自在研究所へ講師としてご来駕賜り、その後、場所を老大師のご自坊《じぼう》（私的な寺）へ移して十年間、合計で三十年間、仏教の専門的な勉強を続けたのです。テキストは『大乗起信論《だいじようきしんろん》』『八宗綱要《はつしゆうこうよう》』『唯識論《ゆいしきろん》』と続き、さらに『倶舎論《くしやろん》』にも挑戦しました。

そのような筆者ですが、一生は矢の如く過ぎ、片足を棺桶に突っ込んだ年齢、満九十六歳になってしまいましたので、科学技術者としての筆者が、筆者なりに仏教を解釈したものを、後続の方々へお伝えしておきたいとの願いも切実です。もちろんすでに、何冊かの仏教解説書を著しましたが、本書の最後に説明した「真正成壊《しんしようじようえ》」でゼロに戻ってやり直す意味もあり、老体に鞭打ちつつワープロに向かった次第です。しかも時代は変化し、一頃前までは、科学の畑で（人文科学、社会科学を含めて）仕事をしておられる方々——もちろんその中には熱心なキリスト教徒も居られましたが——の多くは、宗教と科学とは相容れないもので、極端な場合、宗教は科学の邪魔になるとまで思っておられる方もおられたのです。しかし、その状況は最近では大きく変り、科学を専攻されている方々からも宗教、とりわけ仏教を学びたいとの要求が出るようになりました。

しかしそれらの方々が、いざ仏教を勉強されようと、本屋に入られても、仏教書は汗牛充棟であるにも関わらず、どれもが「帯に短し襷《たすき》に長し」で、適した書物が見当らないのではないでしょうか。この現状に鑑み、本書は右記のような方々のために、微力ですが、仏教の核心である「般若《はんにゃ》とは何か」に力点を置いて執筆したものです。

したがって、仏教について初めての読者には、難解かと思われますので、その場合には、左記拙著も参考になろうかと思い、ここに掲げておきます。

●森 政弘著『退歩を学べ——ロボット博士の仏教的省察』(佼成出版社、二〇一一年)
●森 政弘・上出寛子共著『ロボット工学と仏教——AI時代の科学の限界と可能性』(佼成出版社、二〇一八年)
●森 政弘著『仏教新論』(佼成出版社、二〇一三年)

『退歩を学べ』は、ロボット博士の仏教的省察と書いてはありますが、表だって仏教的な部分は少なく、読み物的です。しかし、悪を善に転じる「三性《さんしょう》の理」については、詳細に解説しています。

『ロボット工学と仏教』は、著者の一人、名古屋大学特任准教授の上出《かみで》寛子さんが、私と縁が出来てから、本書でも解説する「二元性一原論」をものにされるまでの経過が、二人の電子メールのやり取りという文通集によって述べられていますので、仏道を学ぶひとつの過程としてご参考になると思います。

『仏教新論』は、仏教で大事にされる「一つ」という考え方を、従来とは異なった姿勢で解説したものです。

それで、読まれる順序としては、『退歩を学べ』→『仏教新論』、あるいは『ロボット工学と仏教』→『仏教新論』がよかろうと思います。

特に仏教の専門書・研究書は、一般の本屋では入手が困難なものも多いため、以下の三書店ならば仏教書の専門店なので、そこへ行かれるか、注文されるのが良いと思います。

●**山喜房佛書林**《さんきぼうぶつしょりん》：〒113-0033　東京都文京区本郷5-28-5

電話番号：03-3811-5361

FAX：03-3815-5554

メールでの問い合わせも可能。(http://sankibo.jp から入られれば良い。)

東京大学赤門前にある、仏教書専門の書店並びに出版社。専門書を中心に仏教一般に関する書籍も豊富に揃っています。店内は香が焚きしめられていて、厳かな感じがします。

●**其中堂**《きちゅうどう》：〒604-8081　京都市中京区寺町通三条上る天性寺前町539

電話番号：075-231-2971

FAX：075-212-0934

仏教書の専門書店で、新刊本と古書（和綴本を含む）の両方を取り扱っています。寺院や仏教系大学が多い京都の〝知〟を支える書店です。

●**貝葉書院**《ばいようしょいん》：〒604-0912　京都市中京区二条木屋町西入樋之口町462

電話番号：075-231-0919
FAX：075-223-5829

読経用の折本になった経典ならば、ここが良いでしょう。一六八一年、徳川将軍綱吉の頃、鉄眼《てつげん》の一切大蔵経（版木約六万枚）を専門に摺《す》る店として営業を始めた由緒ある書店です。

（参考：貝葉は、古代インドで紙以前に使われた、植物の葉から作られた筆記媒体です。）

すでにお分かりのように、われわれが接する仏教は漢訳仏教で、ここまでお読みになっただけでも漢字が多いのですが、「般若」という仏教の宝をつかむためですから、その程度のことには辟易されずにお進み頂きたいと、念願致します。

著者　しるす

二〇二三年二月

心構え

本書をひもとかれる前に、仏教を学ぶに当たっての大事な心構えを、道元禅師の『学道用心集』から抜粋して、示したいと思います。

……聡明を先とせず、学解《がくげ》を先とせず、心意識《しんいしき》を先とせず、念想観《ねんそうかん》を先とせず、向来《こうらい》すべてこれを用いずして身心《しんじん》*を調え、もって仏道《ぶつどう》に入るなり。……法《ほう》を明《あき》らめ道を得るは、参師《さんし》の力たるべし。ただ宗師《しゅうし》に参問《さんもん》する時、師の説を聞いて己見《こけん》に同《どう》ずること勿《なか》れ。もし己見に同ずれば師の法を得ざるなり。(道元禅《どうげんぜん》師《じ》『学道用心集《がくどうようじんしゅう》』抜粋)

この部分の大切な意味のみを示せば、「……仏教を学ぶに際しては、頭の良し悪しとか理論は、後回しにして、あくまでも、自己滅却で進むのが良い」ということです。また、「もし己見に同ずれば師の法を得ざるなり」は、筆者も経験していますが、たとえば講演後「貴方《あなた》が話されたことは、自分の意見(己見)と同じだ」と言って喜んでいる人がありますが、そう言った気持では、仏教は学べず、折角話を聞いても何も得られないということを示しています。

それから、大事な心得ですが、師と言えども人間ですから欠点もあります。その欠点が見え出したら、それはひと先ず脇に置いて、心を無色透明にするのです。そうすれば器に水を注ぐように、サーッと師が持っておられるものが自分の方へ流れ込んで来ます。要するに「無我」になって学ぶのが大事ということです。

＊＝宗教一般は心を重視するのに対して、仏教では実践を重視するので、身と心とは平等なのですが、どちらかを先に出す時は、身が先で、身心とします。

般若――仏教の智慧の核心　目次

装幀　上野かおる

【第一章】

仏教での言葉の立場

【二】❖ 仏教では「一つ」が重要

この世界「**全体**」（精神的な心の世界も含めて）**の本当の姿**（実相《じっそう》という）を知ることは、仏教が目指す**目覚めの基本**です。

この世界「全体」とは、

(a')物理的には、われわれ人間も含めた、すべての生物も鉱物も天体も、また見方によっては、素粒子も、四つの基本的な力（重力・電磁力・強い力・弱い力）も含めた全体であり、また精神的には、自他という意識、家族という気持、国家という考えから始まって、美醜、善悪、正邪、苦楽……から、あらゆる価値観までもが含まれた現象界と、

(a)その現象界を作り出した、**目には見えないエネルギー**のようなもののハタラキ（変化力、専門用語ではサンスカーラ）とが、

合わさったものと仏教では観《み》られています。（このような場合は「観《み》る」と書きます。）

そして、この(a)と(a')とは別ものではなく、一つの（A）というものの二つの側面のように観られているのです。

この(a')の現象界は、常に変化・流動しており、固定してはいません。このことを仏教一般では「諸行無常《しょぎょうむじょう》」と言っています。また禅では「真正成壊《しんしょうじょうえ》」(『臨済録《りんざいろく》』)と言って、変化することこそが正しいと言われ、この全体(A)の本性は「動」を根本としていると観《み》られているのです。

筆者の師である後藤榮山老大師と筆者や、仲間たちは、これを「原《げん》」と呼んでおります。この世界全体は、普通にわれわれが行っている見方では、その本当の姿は知られません。それは、普通われわれの心は、見る部分と、見られる部分とに分かれているので、「見られる部分(客観)」は判っても、「見る部分(主観)」は見えておらず、暗黒だからです。仏教では、この「見る部分」こそが重要なのです。この隠れた部分までも達観するところに、世界全体の姿が明らかになるのです。

この、隠れた部分も含めて世界全体を観る智慧が、本書で重点的に説明しようとしている「般若《はんにゃ》」です。そして(a)から生み出された(a')の現象界は、(a)の「空《くう》」ないしは「無《む》」という本性を引き継いでおります。この世界全体(A)を、一つにまとまっているという意味でも、また、それ以外にはないという意味でも「一つ」と言うのです。

そして、この世界全体が、仏の本体であり、これが法身《ほっしん》の(真理としての)仏で、それが尊いと気付くことが悟りへの第一歩です。
この気付きを得るには修行《しゅぎょう》が必要です。その修行の内容は三昧《さんまい》（静寂な環境で、呼吸を整え、心を集中し、落ち着かせ、無の状態に近付く）によって心を浄め、雑多な知識を忘れることだと言っても良いのではないかと考えています。つまり、より沢山の知識を得ようとする普通の勉強とは逆の、単純化へ、単純化へと向かい、最後には「無」とか「空」の境地になる修行です。

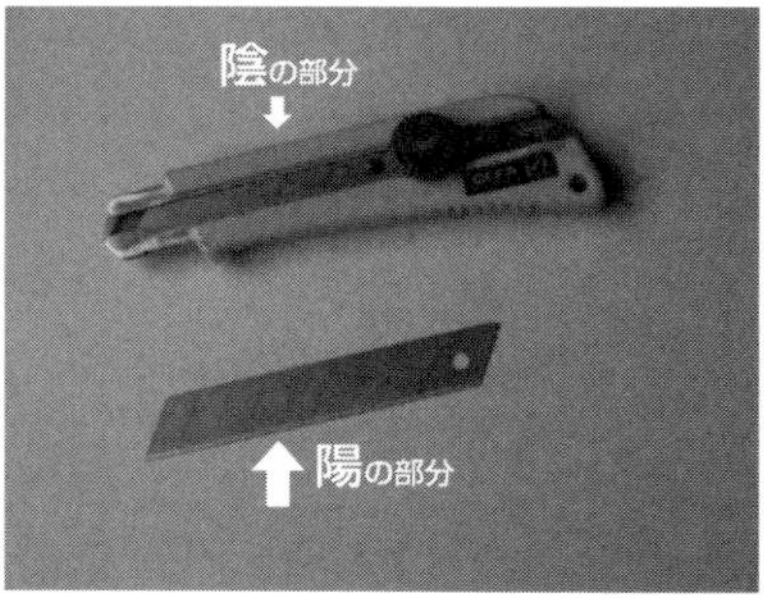

図１－１　カッター

ここから始まって、仏教では、万事「一つ」が重要視されています。すなわち「二つ」に分かれることを嫌います。「二つ」に分かれると対立状態になりやすく、仏教が目指す悩みの解決も、悟ることも、不可能になるからです。

このことを分かりやすくするために、日常の物の例として、カッターを挙げたいと思います。【図1-1 カッター】を御覧下さい。日常われわれは、カッターと言えば、「切るもの」と心得て生活していますが、その言葉

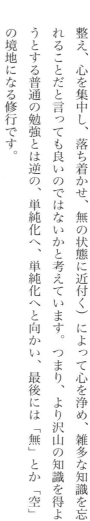

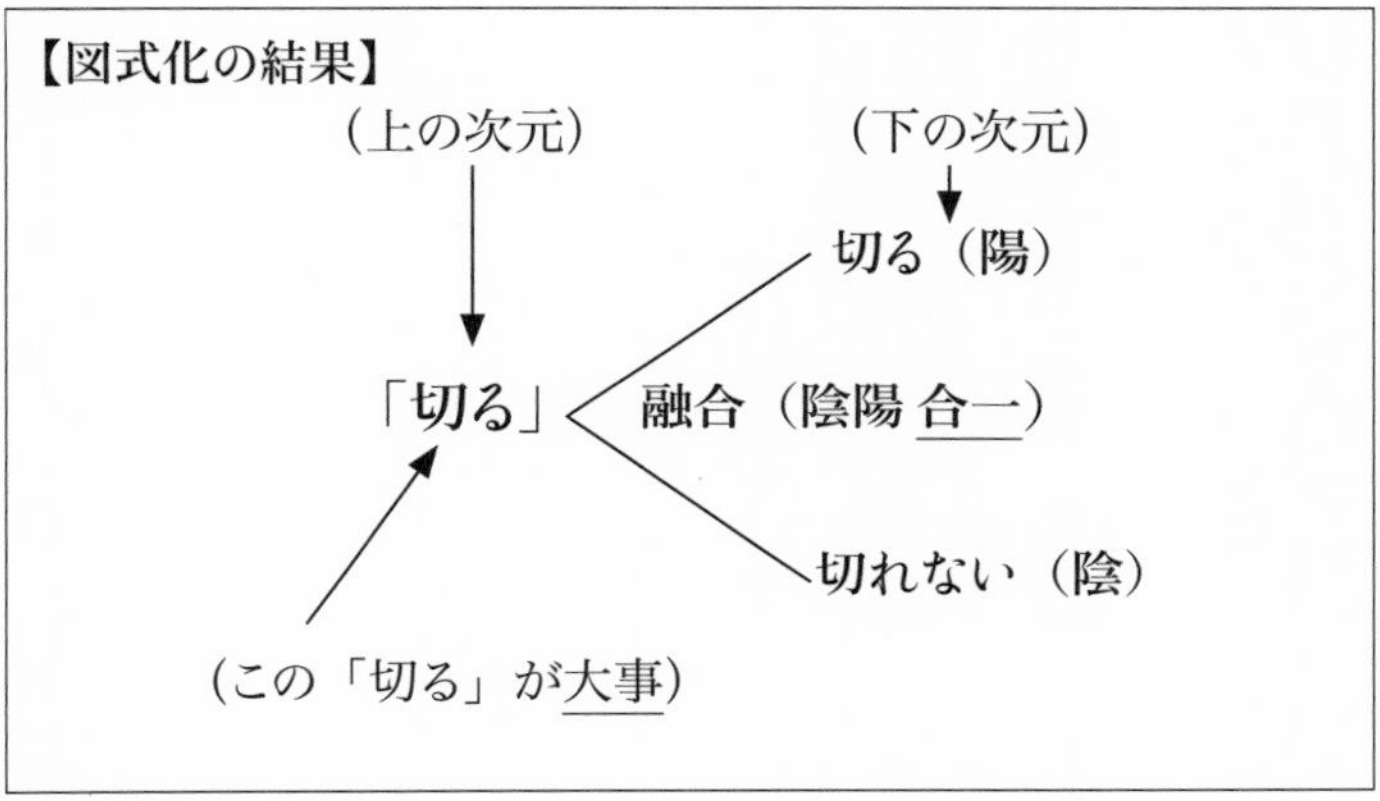

図式１－１　「切る」

通りならば、図の下半分の陽の部分のみで足りる訳です。しかしそれでは、手を切ってしまいます。

正反対の、上半分の切れない部分《さや》、つまり陰の部分、があってこそ、安全に物を切ることができるというのが事実です。

ここで、この事実を図式化してみれば、【図式1－1「切る」】のようになります。

この図式に、「陰陽」が登場していることにも注意されたく、また図中に「合一《ごういつ》」の文字も発見されるはずです。すなわち、同類の二つをまとめるだけでなく、この「陰陽」のように正反対の二つをまとめることが、安全に切るため

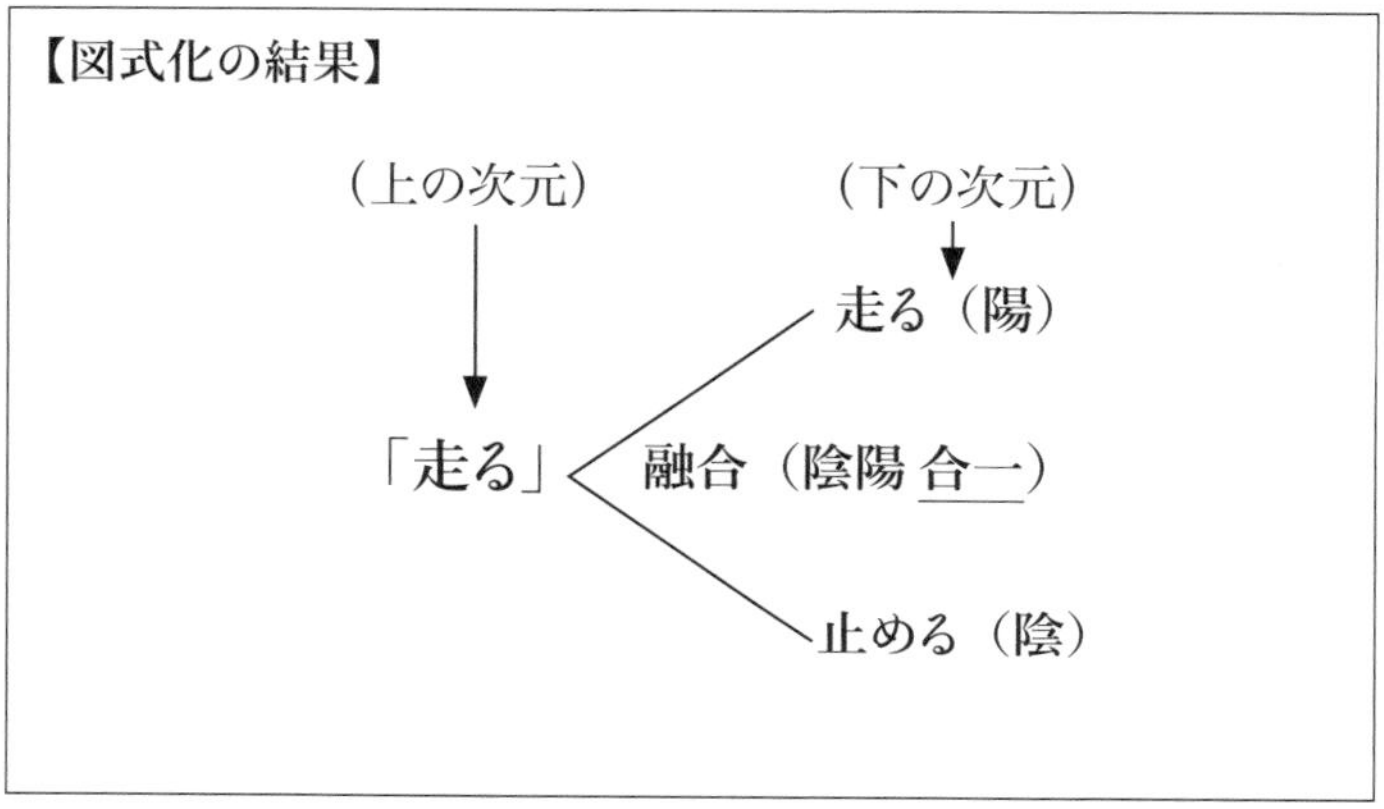

図式１－２　「走る」

には大切なのです。そして、上の次元の（カギ括弧付）「切る」は、下の次元の、（カギ括弧なし）切る、切れない、という正反対の二つが「合一」したものになっています。これが「一つ」の例です。このことを「走即止」とも書くことがあります。

　ここで、このことを車に当てはめてみれば、

止められない車は走れない

　という当然の結果になります。

（しかし、このことは、言葉を使って考えるよりも、言葉は使わないで観た方が、納得が早いと思います。それは、この時にハタラク智慧も原始的な般若だからです。この般若を「生得《しょうとく》の

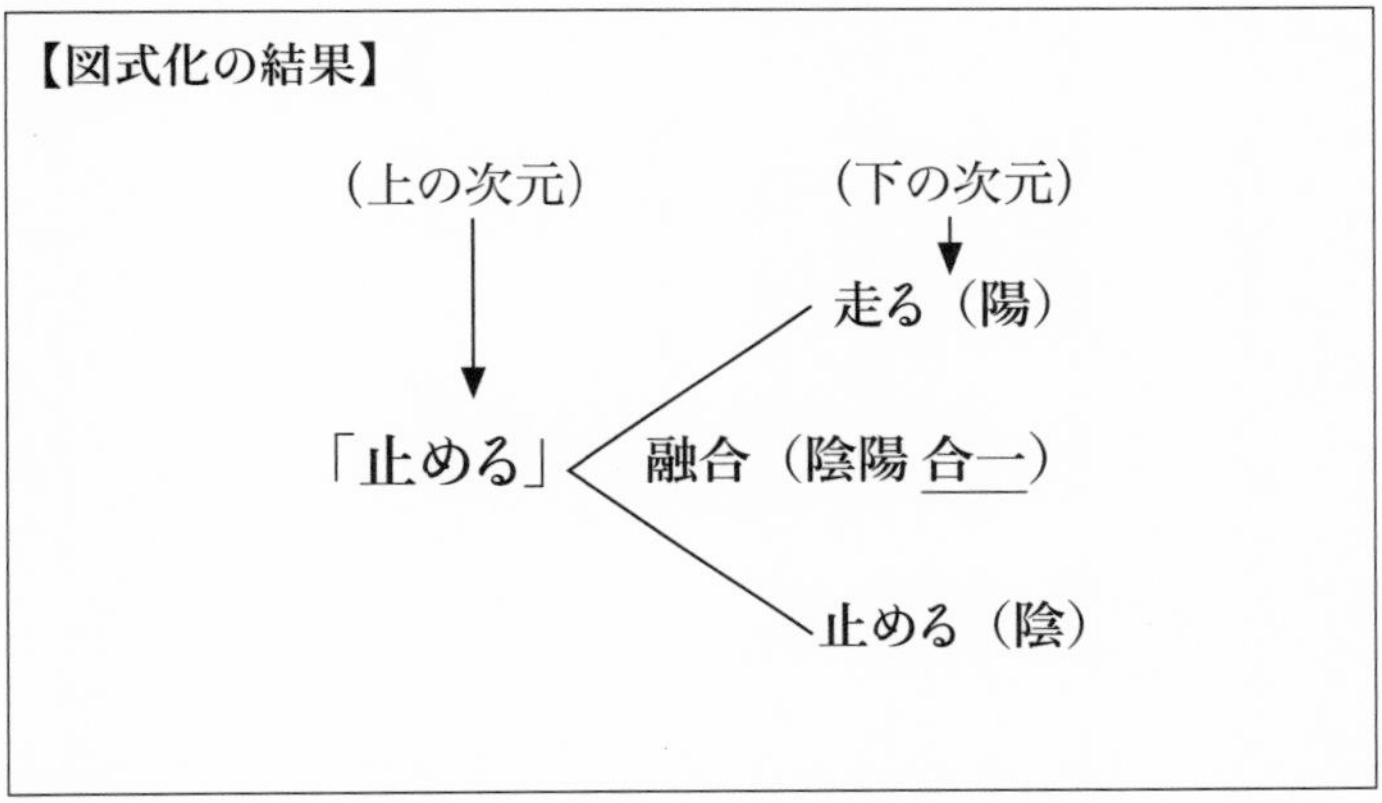

図式１－３ 「止める」

般若」と言います。）

このことを図式化すれば、【図式1-2「走る」】のようになります。

われわれが欲しいのは、この図式の下の次元の走るではなく、上の次元のカギ括弧付の「走る」である、ということは問題なくお分かりになると思います。

ここで、上の次元の「走る」を「止める」と変更すれば、【図式1-3「止める」】となり、これは、「ただ止めるのではなく、キチンと駐車場の枠の中に止めるには、走る（微動の）ハタラキが必要」と読むことができます。つまり、

走らない車は止められない

ということです。

また仏教には、「拈華微笑《ねんげみしょう》」という左記のような故事があります。

すなわち、ある時釈尊が弟子たちをお連れになって、霊鷲山《りょうじゅせん》で、一本の花を取って示されたところ、皆は何のことかわからず黙っていましたが、摩訶迦葉《まかかしょう》（釈尊の十大弟子の一人で、頭陀《ずだ》——欲望を払い捨てて清浄に修行に励むこと——第一と言われている）だけがその意味を理解して、にっこりとほほえんだのです。そこで、釈尊は迦葉に法を伝えられた、という故事です。

これが禅宗のモットー「以心伝心」の元になっていると聞いています。この以心伝心も般若のハタラキだと思います。

話がややずれかかりましたが、家庭にしろ、スポーツチームにしろ、はたまた国にしろ、まとまらずに、二つに分裂したのでは悲劇です。夫婦や親子が分裂した家庭は崩壊家庭です。チームの心が一つにまとまっていなければ、野球でもサッカーでも勝つことは不可能です。

このように「一つ」は大事なことですが、悲しいかな、言葉を専らとする（概念の）世界ではそうはいかず、二分された片方がよいと思い込んでおられるのではないでしょうか。片方がよいどころか、多くは片方でなければならないと深く信じられているようです。たとえば会議の席上などでは、「走るのはアクセルだ」という見解がまかり通ってしまい、おそらく誰もが、それに対してブレーキが要るとは反論しはしません。このように議論の席上のような概念の世界では、「一つ」にまとめるという達見は普通には現れないものです。たとえば、「マイナスや退歩などもってのほか、前向きの進歩あるのみ。企業や経済は常に進歩と拡大だ」と。あるいはその逆に、マイナスを主義とし、まじめに働くことを軽視、嘲笑して、ヒッピー的になるという例もありました。これらはどれもが二つへの分裂です。

残念ながら、これらは凡夫である人間の通弊で、人間はかならずと言ってよいくらいに、どちらかへ偏るものです。

話が飛ぶようですが、ひどい場合にはこの分裂がイデオロギーにまで発展し、越境者を銃殺する蛮行を犯すまでになりました。民族二分裂の大悲劇は、旧ドイツや朝鮮半島を見れば明らかです。

それで結局、人間一般は、苦しみもがくことから脱出できないでいるのです。

このような、一方が欠けた見解を、禅では「二見《にけん》」あるいは「二見《にけん》に堕《だ》すな」と言って、強く戒められています。さらにこのことを強調するために、「正」しいとは「一」に「止」まると書き、「禅」とは「単」を「示」すと書くとさえも教えられているくらいです。

それで以下に、この、「一つ」にまとまった威力を示す実話を二つ挙げたいと思います。

【二】◈水俣での実例

かつて松下政経塾で筆者が教えたS君という塾生が水俣病取材に行って、初めて、以下の様な貴重な事実（彼のレポートの一部）が分かりました。

「……また、水俣では、水俣病と正面から向き合い、壊れた人と自然、人と人との関係をつなぐため、対話し協働する「もやい直し」という取り組みがなされているのですが、その中にも仏教の教えに達していると思える例がありました。

水俣病を経験したことによって、「環境＝生きる源」が大事という共通の価値観、対立ではなにも生まれないという考えが、根底に築かれており、水俣病をめぐる異なる価値観や長い地域間の対立の果てに、「水俣は一つ」（水俣病患者と一般市民、行政、チッソ）に到達していたことでした。

また、水俣病患者である緒方正人氏の「チッソは私であった」、同じく永本賢二氏の「被害者は加害者」といった言葉には、そこへ辿り着くまでのご苦労とともに、最後はやはりここなんだと感じました。

改めて、自分に気付きさえあれば、仏教の教えがこんなに身近にあったものなんだと、感じました。」

この中の、

・対立ではなにも生まれないという考えが根底に築かれており、

・「水俣は一つ」（水俣病患者と一般市民、行政、チッソ）に到達していた、

・「チッソは私であった」――水俣病患者の発言、
・「被害者は加害者」といった言葉には、そこへ辿り着くまでのご苦労とともに、最後はやはりここなんだと感じました。

を考えると、「一つ」は、正に、襟を正して拝受すべき尊い教えと言うことができると思われます。

【三】 中学ロボコンでの実例

今日、ロボットコンテスト（略称、ロボコン）は広く国内外に広まっており、我が国全国の中学校では、技術・家庭科の授業の一環として、それが取り上げられ、毎学年度の終りに、その全国大会が催されています。以下は、その中学ロボコンでの授業に関して起きた、実話です。

中学ロボコンでのロボットの駆動には、マブチのモーターと、電源として単一乾電池二個が使われていますが、そのモーターの定格電圧について、生徒のためを思って真剣に考えておられる全国の担当教諭の間に、二つの意見が生まれ、二派に対立して膠着状態に陥ってしまいました。この二つの意見とは、①乾電池二個を直列接続すると、電圧は3ボルトになる。これは現在ロボットに使っているモーターの定格電圧を越えているから、乾電池は一個にすべきだ。②乾電池を一個にしたら力が出ず、ロボコンは成り立たない。これまでも乾電池二個でやって来て問題は起きなかったから、今のままで良い。という二つの意見でした。

いうまでもなく、電気工学の常識としては、モーターを定格電圧以上の電圧で使用することは厳禁です。しかし、このロボコンで使っている玩具のモーターでしたら、乾電池からの電気ならば少々定格電圧を越えていても問題ありません。

そこで、その指導役の信州大学教育学部M教授も困りはてて、筆者宛にメールが届き、筆者の意見を求められたのです。筆者は、そのどちらもが「二見」だと気付き、「まじめ」な考えと、その正反対の「不まじめ」な考えを（善悪の価値観抜きで）示し、どちらの「派」の先生方も「二見」を脱して、「まじめ」「不まじめ」を越えた「**非まじめ**」になられるようにアドヴァイスしたのでした。

そうしたら、翌日、以下概要のような、感激と喜びに満ちた返事が届いたのです。

（以下は、手前味噌ですが、M教授からの返事概要です。）

「これだけご丁寧なお返事を早速にいただけたことに、さすが森先生と感嘆しました。まじめな教育と不まじめな教育との両方が必要、「**非まじめ**」のお話、まさにそうですね。

どちらも子どもによかれと思い、まじめな教育の視点で議論されているので、こうした膠着状態に陥っているようです。

先生からのお話を受け、関係の先生方とも早速に共有させていただき、いい着地点が出るようにしたいと思います。

先生にご相談させていただいて良かったです。本当にありがとうございました！

森先生、今後も引き続きロボコンについてのご助言、よろしくお願いします。取り急ぎ御礼まで」

と。

筆者は、この返事を読んで、日本全国の中学校技術科授業を救うことができたので、

「仏教は偉大なり！！」

と叫びたくなったのでした。

【第二章】

言葉の本質と限界

【二】◈言葉を使わないで実体を見抜く例三つ

これから第二章へ進み、言葉というものの本質と限界とについて考えることにしたいのですが、その前に、練習用として、「言葉を使わないで実体を見抜く例」を以下に三つ上げておきます。これは生まれつき身に備わっている般若（生得《しょうとく》の般若）を呼び起こす練習にもなります。

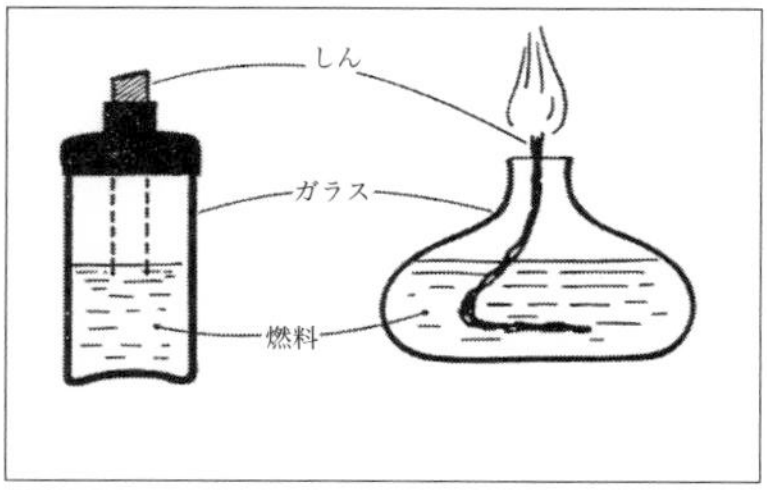

図２－１　アルコールランプはマジックインクと同じ

その第一は、アルコールランプとマジックインク（図２－１）です。読者は、この両者を、言葉を使わずに御覧になったとき、容器に燃料という液が入っており、それに芯《しん》が刺してあり、それに火を点《つ》ければ燃える、という意味では、この両者は同じということが納得されると思います。

もしも、言葉を使って御覧になったとすれば、おそらく、この両者を同じと見ることは難しかったのではないでしょうか。それは、言葉を使うと、これはマジックだ、これはアルコールランプだ、という気持が強く、この両者を同じと観ることを妨げているからです。この場合は、出来上がった物の名前、すなわち、マジックとかアルコールランプよりも、それ等を作っている材質、ガラスとか燃料とかに着目された方が、この両者が同じと見るには容易だったと思います。

その第二は、階段です。ビルディングの階段は、もちろんその名が示す通り、段々を歩いて上下できますが、その機能はそれだけではなく、ここが大事な点ですが、階段は、下の階から空気が入り、上の階からそれが排出されるという、煙突でもあるのです。故に階段の扉は不燃物（鉄板）にしろと、やかましいのです。

その第三は、郵便配達人です。現在葉書は一枚六十三円ですが、これは高いと思われますか、それとも安いと思われますか？　あの程度の大きさの紙切れを一枚運ぶのに、六十三円は極めて高いとも言えましょうが、考えてみれば、葉書は郵便局からわれわれの家の玄関まで、自力で飛んで来ることは不可能です。葉書が届くには、それを運ぶ「郵便配達人」が必要であり、その郵便配達人が乗るバイクも不可欠であり、更にそのためのガソリンも要る訳です。こう考えると、葉書一枚六十三円は非常に安いと言えないでしょうか。北海道で投函した葉書が六十三円で八丈島まで運ばれますが、これなど極めて安いと言わざるを得ません。

【二】◈言葉の弱点を知って知性から飛び出す

聖書のヨハネ伝の冒頭には、
「太初《はじ》めに言《ことば》あり、言は神とともにあり、言は神なりき。」
の一節があります。

これは、言葉というものは、人間にとっては不可欠で大切なものということを示していると思われます。しかしここが肝心な点ですが、仏教に関しては、言葉の能力には限界があるのです。

古くから人間は考える動物と言われており、考えるためには言葉を使います。ところが言葉というものには、以下のように、【第一章 一、仏教では「一つ」が重要】で述べた「まとめる」とは反対の、「分ける」という本性があるのです。

言葉が表すのは、概念であって、その概念には、物事を、大：小、善：悪、美：醜、好き：嫌い、……というように、互いに対立し、相反するものに二分する（対立する二元に、分ける）という本性があり、思考は、その分けられた一方だけを組み合わせて構築されます。二分した一方を幾重にも積み上げてゆくのが思考一般だと思います。

たとえば、

「このリンゴは私のものでしょうか」

という思考に関して考えてみましょう。

まず、①はじめの「この」は、向こうにある「あの」ではなく、ここにある「この」を指しているわけですから、「あの」と「この」に二分して、そのうちの一方の「この」だけを取り上げていることになります。②次の「リンゴ」は、「リンゴ」と「リンゴ以外のもの（柿とかミカンとか机とか鉛筆）」に分けて、そのうちの前者だけを取り上げており、③さらにその次の「私のもの」は、ものを「私のもの」と「人のもの」とに二分し、その一方だけを指示しています。④最後の「でしょうか」は、「であります」という「決定」と、「でしょうか」という「疑問」の二つのうちの「疑問」です。ゆえに「このリンゴは私のものでしょうか」という思考は、二つに分ける行為、すなわち「分別《ふんべつ》」（濁らずに、ふんべつ）が四重に積み重なって成立していることになります。

つまり筆者がここで言いたいことは、「一つ」は、合わせるという行為を必要とするのに、言葉を使って考えると、基本的に、それとは反対の分けるということになってしまう、ということです。そしてこの、言葉を使って考えることは、知性によって支えられています。

気付いてみれば、一般のわれわれが、優れたもの、良きものと信じて疑わないこの知性というものこそが、ものごとを分ける——分別する——大本であり、これが、「一つ」（仏教で非常に大切にされている）への接近を不可能にする原因だったのです。

すなわち知性こそが「一つ」にまとめることを妨げる原因で、その知性の特質である分別という世界を飛び出さない限り、「一つ」という宝は手に入らないということです。

先に、【図1-1　カッター】（二〇頁）に関して、「一つ」とは「正反対の二つをまとめること」と事もなげに述べましたが、それは換言すれば「異なるものは同じだ」という矛盾を納得しなければならないことになるので、「一つ」への到達は知性の世界の大難関を超越する難行だということがお分りになったと思います。

われわれは、この知性なるものの殻を破って大難関を超え、自由な場へ出なければなりません。難関を突破して、二元対立の束縛から解放されなければなりません。それには分別とは逆方向の無分別《むふんべつ》の方向を目指さなければならないのです。ゆえに本来分別の方向を向いている知性をいくら働かせても、効果は現れず、知性を働かせれば働かせるほど納得不能に陥るのです。

それならば、無知になればよいのかというと、いわゆる無知では、このように高尚な納得はできず、駄目であることは言うまでもありません。

したがって、知性というものを超えるより他はないということになり、それならば知性なるものを超えたところには何があるのかと言えば、それは「直覚」あるいは「直観」です。別の言い方をすれば、普通の知性以上の超知性が必要だということになるのです。この超知性、「直覚」あるいは「直観」が般若です。

【三】◈離言真如と依言真如

右記の分別という世界を飛び出す最良の方法は、坐禅ですが、これは拙著『仏教新論』（佼成出版社、二〇一三年）の九七頁〜一〇六頁に、入門的な方法が書いてありますから、それを参照して頂くとして、ここでは、離言真如《りごんしんによ》と依言真如《えごんしんによ》について述べることにします。

仏教では、すでに紀元五〇〇年頃から、言葉の限界に気付いて、『大乗起信論《だいじようきしんろん》』では、「離言真如」と「依言真如」の二つを立て、限界ギリギリまで迫って真如を説こうとしていました。

「真如」とは、「ものが、あるが如くにおかれているあり方」の意味で、宇宙万有の本体、すなわち仏のことです。これが法身《ほつしん》の（真理としての）仏です。

これは有無というような相対的なものを超越した世界で、全体者ですから、基本的に相対的な言葉では表現できないもの、すなわち言葉を離れた真如、離言真如です。すなわち離言真如こそが本当の真如です。（この相対を絶したところを、天台教学では「中」という文字で表しています。「中」は、「口（くち）」に「｜（くし）」を刺して口を開けない意を表しているのです。すなわち、語るに語れないということで、「原」と同様なことを表しているということです。）

しかし、その離言真如を人に伝えることは言葉に依らなければ不可能ですから、その無理を知りつつ言葉にしたのが、言葉に依った真如、依言真如なのです。

ゆえに、依言真如での表現は、離言真如の立場から見れば、誤りと言えることもありま

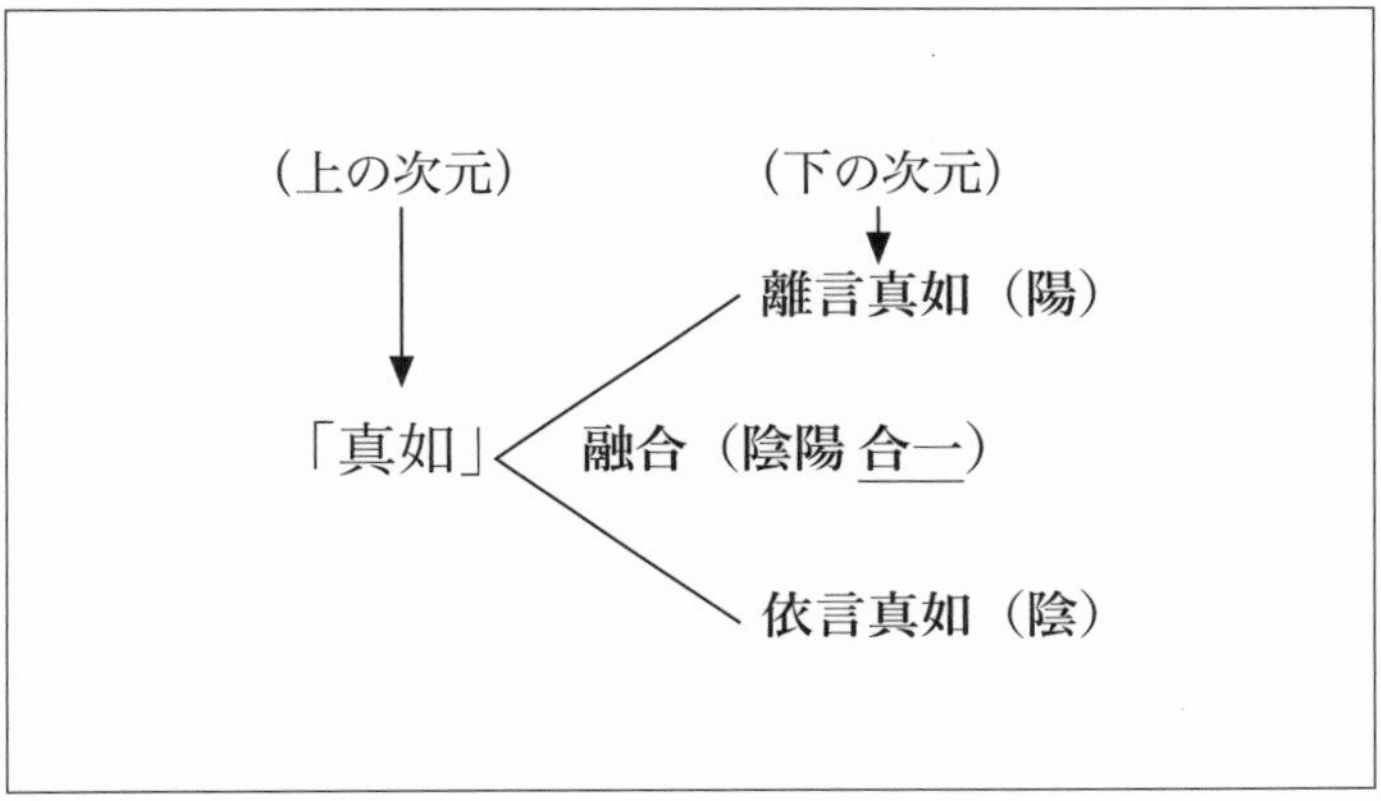

図式２－１　「真如」

すが、仏教はそこの所へも手当が行き届いていて、仏法を人に説く場合、第一義諦《だいいちぎたい》（真諦《しんたい》）と世俗諦《せぞくたい》（俗諦《ぞくたい》）の二つが設けられているのです。

ここで気付いて頂きたいのですが、離言真如と依言真如の関係は、【図式1-1「切る」】（二一頁）の所の陰陽合一の図式に当てはまるということです。すなわち、次の【図式2-1「真如」】が成立します。

【四】◈第一義諦と世俗諦

平川 彰著『大乗仏教入門』（第三文明社、一九九八年）を参考にしつつ解説すれば、

仏教を正しく理解するには、第一義諦《だいいちぎたい》と

世《せ》俗諦《ぞくたい》を正しく知る必要があります。この第一義諦と世俗諦とをまとめて二《に》諦《たい》と言います。二諦は「二つの真理」という意味です。（引用者注：第一義諦は真諦とも、また、世俗諦は俗諦とも、言われます。）

ここで、「諦」は、今日では「（仕方なく）あきらめる」という意味に使われていますが、本来は「明らかにする」とか「真理」という意味の言葉です。

龍樹菩薩《りゅうじゅぼさつ》（菩薩については、【本章 六、般若波羅蜜（一）菩薩】で解説します）は、その著『中論《ちゅうろん》』の中で、この二諦について、

「若し人、二諦を分別することを知る能わざれば、すなわち深仏法《じんぶっぽう》において、真実義《しんじつぎ》を知らず」

と言っておられます。

「二諦を分別する」とは、第一義諦と世俗諦とを正しく使い分けるという意味です。つまり第一義諦と世俗諦とは価値に上下がありますから、この二つを平等に取り扱うことはで

きません。故に、二諦には手心を加えて、正しく取り扱う必要があります。その取り扱い方を誤ると、世間の人情の世界をこわしてしまったり、或いは仏法の真実を失ってしまうことになります。

それでは、二諦とは、どのようなものでしょうか。

二諦のうちの世俗諦とは、「世間が真理として認めていること」という意味です。世俗諦は、世間では真理として通用していますが、世間は煩悩に色づけられていて、迷妄の世界になっていますから、そこで正しいと認められていても、仏教の立場から見れば真理と言えないことがあります。しかし真理でないからと言って、それを全く否定してしまえば、仏教の聖者も世間では生きてゆくことはできなくなります。

これに対して第一義諦の意味は、「仏教の聖者が真理として認めること」という意味です。仏教の悟りの智慧によって認められるのが第一義諦です。これは仏教では真理として立てますが、煩悩に汚れた世間の知恵では真理として認め難いものです。

このように世俗諦は、世間では諦（真理）ですが、仏教では諦とはならないことを、また第一義諦は、仏教では諦として立てますが、世間では諦として認められないことを言うのです。このように両者には相互に対立する性格がありますから、仏教者は二諦を正しく

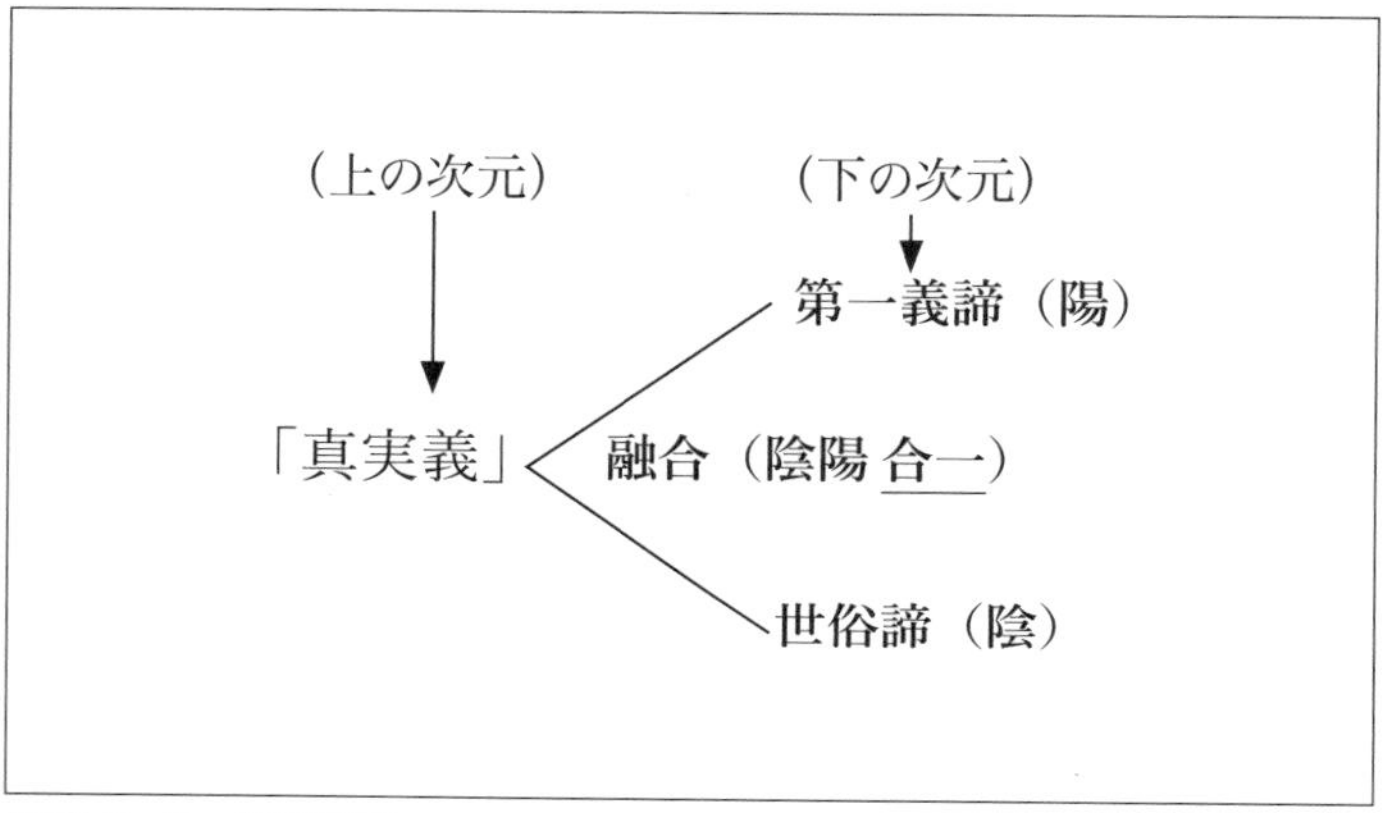

図式２−２　「真実義」

使い分けることが大切です。

つまり、仏教の理解については、仏教の教理の意味を正確に理解したというだけでは不足で、その理解を、時と場合に適合するように、正しく活用しなければならないということです。

そしてここでも、これを図式化すれば、【図式２-２「真実義」】と、同様の図式が成り立ちます。

さらに、世俗諦について注意すべきことは、世俗諦は別名、言説諦《ごんぜつたい》とも言われるように、言葉によって表現された真理という意味のものです。しかし、すでに述べたように、言葉には「分ける」という本性がありますから、（真如のような）ものの真相を完全に表現することはできません。この点を『中論』では、

「仏は諸法実相《しょほうじっそう》を説きたもうも、実相中には語言の道なし」

と述べられています。諸法実相とは、ものの真実の姿、という意味です。この真実の世界では、言葉は絶えてしまうというのです。

これは仏教では、言葉には限界があるということですが、その限界には、二種類あり、その第一は、悟りのギリギリの世界は言葉では表現不可能な、言亡慮絶《ごんぼうりょぜつ》（言葉では表現できず、考えても思慮が及ばない）という意味の限界で、第二は、日常の世界でも、すべては諸行無常《しょぎょうむじょう》[*1]で変化し続けており、また諸法無我《しょほうむが》[*1]で、すべてはすべてにつながっているので、その真相さえも、言葉では表現できないという意味の限界です。

この後者の、言葉では表現できないという意味は、言葉というものは概念に裏付けられているので、表されたものでは、個物の個々の特徴は失われているからです。机で言えば、「これは机である」という言葉での「机」は、個別の個々の机を離れて、どんな机にも適用できることしか表してはおりません。

たとえば学校には、多くの机がありますが、形も色もあらゆる点について同じ机は一つもありません。事実の世界は、「原」から生み出されたものですから、絶えず変わっています[*1]。

＊1＝仏教には、仏教教理の特徴を表す「諸行無常《しょぎょうむじょう》」「諸法無我《しょほうむが》」「涅槃寂静《ねはんじゃくじょう》」の三つの旗印があり、これを三法印《さんぼういん》と言います。

そのものの上で本を広げて勉強しておれば、そのものに「机」という概念が適用できます。しかし昼になったので本を片付けて、代りに食器や食べ物を並べて、食事を始めれば、そのものは「食卓」と呼ばれるべきでしょう。

まだ記憶に残っていますが、かつての大学紛争の時、一部の過激な学生達が東京大学の安田講堂に立てこもって、机を集めてバリケードを築きました。大学当局はやむを得ず警官を導入して、これを解放しましたが、それは寒い冬のことで、朝早く大学へ行ってみると、警官達は寒さのために、取り除いた机を燃して暖を取っていたのです。その燃えている机は、どう見ても薪であって、机とは言えないものでした。同時にそれは、その間の学生達にはバリケードの材料であって、机であった訳ではなかったと思います[*2]。

＊2＝平川 彰著『般若心経の新解釈』（世界聖典刊行協会、一九八二年、四五頁）

このように「事実としての存在」は流動的であり変化していて、無常です。そこには「机」という固定的なものがあるのではなく、本やノートをひろげて勉強するから、机であるに過ぎません。燃えているときは薪です。それなのに、概念は、これらを同じとして扱ってしまうのです。

このように、日常の世界でのものの真相さえも、言葉では表現できないのです。

即ち目で見ているもの（事実）は、直観で認識したもので、その認識には言葉は不用であり、また認識結果は言葉では表現できませんが、この直観の智慧を仏教では「般若《はんにゃ》」と言っているのです。

【五】◈般若と識

「ちえ」を大きく分ければ、「般若《はんにゃ》」（そのサンスクリット語は、プラジュニャー、その俗語形はパンニャー）という智慧と、「識《しき》」（そのサンスクリット語はヴィジュニャーナ）という知恵に二分され、その内容は大きく異なっています。「般若」は仏教で使う智慧であり、「識」（知識の識）は学問で使う知恵と言うこともできると思います。この二つは比較すると分かり易いでしょう。

「識」は、言葉という概念を表すものに付随しているので、すでに前節で述べたように、「識」で表されたものでは、個物の特徴は失われています。

即ち目で見ているもの（事実）は、般若で認識しますが、これに概念を適用して判断すれば、それは「識」による理解となるのです。そして「識」による理解は、対象を概念化するので、事実から遊離します。しかも概念は静止的であり、変化しませんが、事実の世界は、「原」から生み出されたものですから、時間的には、絶えず変わっています。さらに、諸法無我（四四頁の注＊1参照）で、空間的には、ひとつの存在は限りなく他のすべての存在とつながっていますので、対象を概念化する「識」では、表現することはできません。

また、「識」は概念を通してから働くので、そのスピードは遅くなります。これに対し、「般若」は概念を通さず、直観的に働くので、軽快であり、そのスピードは速いのです。

ところで右記の「机」とは、本やノート、さらに勉強する人などの相互関係において「机」という理解が成立するのであり、それは機能的な存在です。このような関係において成立するものを、仏教では「縁起《えんぎ》において成立するもの」と言い、これが「法《ほう》」です。したがって法を法として正しく知るのが般若の智慧の中の「後得分別智《ごとくふんべつち》」（後述）です。この「後得分別智」には分別という文字が付いていますけれども、これは般若の一部[*3]で、識とは異なったものです。

＊3＝般若には「根本無分別智《こんぽんむふんべつち》」と「後得分別智」があります。

【六】◈般若波羅蜜

(一) 菩薩

先ずここで、菩薩《ぼさつ》について説明することにします。

一般論としては、菩薩とは、他を救おうと、仏の覚りを求めて修行中の者を指します。

しかし、同じ菩薩と言っても、観音《かんのん》菩薩や文殊《もんじゅ》菩薩のような大菩薩は、仏の化身として、衆生《しゅじょう》救済のために、仏が菩薩に姿を変えられたものと見られます。また、菩提心《ぼだいしん》（次項）を発《おこ》して修行に入りたての菩薩もあれば、法蔵《ほうぞう》菩薩のように、あと一歩で仏になる

図2-2　地蔵菩薩

ことができる所（因位《いんに》と言う）まで来ておられるのに、ご自分が立てられた「願《がん》」（法蔵菩薩の場合には、四十八願で、その中の第十八願が特に大事）がかなえられなければ、仏の位には上がらないと、頑張っておられる菩薩もあります。この頃は減りましたが、身近な菩薩としてお地蔵様も挙げられます（図2-2）。

『大方広仏華《だいほうこうぶつけ》厳《ごん》経』に見られるように、これらの菩薩を五十二位《い》に分ける考え方もあります。

また、文殊菩薩や釈迦菩薩のように実在した菩薩もあれば、観念上にのみ作られた菩薩もあるのです。（文殊菩薩は、平川先生の説では実在した菩薩という考証があると聞いておりますし、釈迦菩薩は釈尊の因位の時の呼び名です。）

しかし、ともかく、人を救済することが目的でなければ菩薩とは言いません。自分が救われれば良いという修行者は、声聞《しょうもん》（教えを聴いて自分だけが悟ろうとしている修行者）とか縁覚《えんがく》（師なしに、独自で悟ろうとしている修行者）であって、菩薩とは言いません。次に述べる菩提心が菩薩の必要条件です。

（二）菩提心《ぼだいしん》

一般に「菩提心」とは、悟りを求める心を言い、大乗仏教の菩薩の肝心な心ですが、【1】曹洞《そうとう》宗の『修証義《しゅしょうぎ》』（曹洞宗《そうとうしゅう》が編纂した宗典で、道元禅師の『正法眼蔵《しょうぼうげんぞう》』からの抜粋より成る）第四章 発願利生《ほつがんりしょう》には、

「菩提心を発《おこ》すといふは、己《おの》れ未だ度《わた》らざるに前《さき》に一切衆生を度さんと発願《ほつがん》し営むなり、設《たと》ひ在家にもあれ、設ひ出家にもあれ、或ひは天上にもあれ、或ひは人間にもあれ、苦にあるといふとも楽にありといふとも、早く「自未得度先度他《じみとくどせんどた》[*4]（佗）」の心を発《おこ》すべし。其形陋《そのかたちいや》しといふとも、此の心を発せば已《すで》に一切衆生の導師なり、設《たと》ひ七歳の女流《にょりゅう》なりとも即ち四衆《ししゅ》[*5]の導師なり、衆生の慈父なり、男女《なんにょ》を論ずること勿《なか》れ、此れ佛道極妙《ぶつどうごくみょう》の

法則なり。若し菩提心を発して後、六趣四生《ろくしゅししょう》*6に輪轉《りんでん》すと雖も、其輪轉の因縁皆菩提の行願《ぎょうがん》となるなり、……」

とあります。

*4＝**「じみとくどせんどた」と一息で読みます**。読み下せば、「自未《おのれいま》だ度《わた》らざる先に、他を度《わた》す」となります。「度」とは悟るという意味です。

*5＝仏教教団を構成する四種の人。すなわち、
①比丘《びく》（出家の男性修行者）
②比丘尼《びくに》（出家の女性修行者）
③優婆塞《うばそく》（在家の男性修行者）
④優婆夷《うばい》（在家の女性修行者）

*6＝六趣《ろくしゅ》：地獄・餓鬼・畜生・修羅《しゅら》・人間・天上。四生：生物が生まれる四種類の形式。胎生《たいしょう》（哺乳類のように胎内から生まれるもの）・卵生（鳥類のように卵から生まれるもの）・湿生（湿気の多いところから生まれる虫のようなもの）・化《け》生（何もないところから忽然として生まれる想像上のもの）。これらは、人間を含めたあらゆる生物が死後に生まれ変る六つの世界と、四つの生まれかたの総称です。なお、このうち六趣については、
①地獄＝苦しみに満ちた世界
②餓鬼＝欲望が満たされない世界
③畜生＝知恵のない世界
④修羅＝戦いの世界
⑤人間＝右記四つの状態は持っているが、良心があるので、暴走せぬように制御している状態。しかし、時にはそ

の制御が外れ、人が見ていなければ、あるいは理屈の裏付けがあれば、右記四つを仕出かす状態
⑥天上＝栄耀栄華の状態だが、迷いを脱した訳ではなく、何かあれば忽ち苦しみの世界へ転落する状態
の六つの世界を言っているのですが、これを死後の生まれ変わりという受け止め方――こうすると仏教は古くさくて役に立たない迷信となってしまいます――でなく、現に生きているこの世の中での様相の六分類と受け取れば、ピッタリと役立つのではないでしょうか。すなわち、
①地獄＝受験地獄とか、ロシアと対戦中のウクライナの状態
②餓鬼＝相場で稼ぐだけで、円安・円高に一喜一憂している状態
③畜生＝ウクライナと対戦中のロシアの状態
④修羅＝ウクライナの状態
⑤人間＝上官が見ていなければ略奪、暴行も行われているロシア軍。あるいは、理屈の裏付けがあれば、プーチンや、かつての大学紛争の時の過激派学生のように、侵攻も、殺人も辞さない状態（鬼は、人間と違って、理屈の裏付けなしに、堂々と悪を行います。プーチンには理屈で裏付けようとの気持があるので、まだ人間を出切っていません）。
⑥天上＝栄耀栄華の結果、コントロールが外れて法に抵触するようになり、外国へ逃亡。

【2】また、『妙法蓮華経』五百弟子受記《じゅき》品《ほん》第八には、

「諸《もろもろ》の比丘《びく》よ、諦《あきらか》に聴《き》け。*7 佛子《ぶつし》*8 所行《しょぎょう》の道は、善《よ》く方便《ほうべん》*9を学《がく》せるが故に思議《しぎ》することを得べからず。衆《しゅ》の小法を楽《ねがい》て大智を畏《おそ》*10るることを知れり。是《こ》の故に諸《もろもろ》の菩薩《ぼさつ》、聲聞《しょうもん》・

縁覚《えんがく》と作《な》りて、無数の方便を以て諸の衆生類を化して自《みずか》ら「これ聲聞なり、佛道を去ることと甚だ遠し」と説く。無量の衆を度脱《どだつ》して皆悉く成就することを得せしむ。小欲懈怠《けたい》なりと雖も、漸《ようや》く当《まさ》に作佛《さぶつ》せしむべし。内に菩薩の行を秘し、外にこれ聲聞なりと現《げん》ず。
少欲にして生死を厭《いと》えども、実には自《みずか》ら佛土を浄《きよ》む。衆に三毒ありと示し、また邪見《じゃけん》の相《そう》を現ず。我が弟子是《かく》の如く方便して衆生を度《ど》す」

とあります。

＊7＝仏が説法される時、しばしば最初にこの言葉が出ます。今日的にやさしく言えば「良く聞きなさいね」と言うことです。
＊8＝仏の弟子。
＊9＝仏道へ導くための方法・手段。
＊10＝すでにお分かりのように、たとえば「二元性一原論」のような大智は簡単には納得できないので、衆生一般は「果たして、これに従って良いのだろうか」と訝《いぶか》ることを指します。

それで、この部分の大意を述べれば、下記となります。
修行者達よ、しっかり聴きなさい。私の弟子は、よく方便を学んで心得ているので、その行いは、方便を知らない普通の者には想像もできないと思われます。弟子は、大衆が世間一般の俗な教えを喜んで受け、深い大智は「果たして、これに従って良いのだろうか」と訝《いぶか》って近付かないことを知っているのです。ですから私の弟子は、相手のレベルまで下がった振りをして、その場その相手に適した方便を使い、「自分もあなたと同類ですよ」と言って相手を安心させて親しみをわかせてから、導くのです。そうやって大衆を全部仏道へと導き入れるのです。自分は、進歩したいという欲望もなく怠け者だと言いながら、相手を導きます。つまり、内心は上等の菩薩ですが、外見は低レベルの顔をしているのです。

ところでここに述べた二つの話ですが、【1】の『修証義』の方は、自在研究所の勉強会の一環として、H社の社員十数名を引率して、名古屋にある永平寺別院での坐禅会へ参禅した時、【2】の『妙法蓮華経』の方は、筆者の書斎で拝読した時、思わず涙したものなのです。当時、筆者はまだ我《が》が強く、人よりも上へ出よう、自分を立派に見せたい、という気持が強く、そんな筆者が、この話のような、自己を滅却してでも、他を救おうという姿勢に深く感じ入ったからでありましょう。

前述の「自未得度先度他」の所で、「……たとえ七歳の少年少女であっても、自分が悟るよりも先に人に悟ってもらおうという気持を起こして実行すれば、その少年少女は菩薩である。そのような気持は非常に尊いもので、たとえ年少でも、一般人の模範であり先生である。」ということを述べましたが、そんなことをすれば自分は救われずに損をするように思う人もあるかも知れません。しかし、そこが仏教の逆説的なところで、決してそのようなことはなく、これくらい自分が救われ、豊かな心が得られることはないのです。自己中心的でなく、親が子に対するように、自己犠牲をものともせず他を救う、これが大乗仏教の根幹姿勢であり、そのような菩提心《ぼだいしん》（悟りを求める心）を発《おこ》して修行にはげむ人が菩薩で、その修行徳目が四摂法《ししょうぼう》（後述）です。

仏教では、人を導く時、自分の姿を変えることがあります。たとえば大学院を出た博士が中学生を導く時には、俺は大学院出身だという偉そうな顔はしないで、「自分も中学校では出来が悪かったが」と仮面を被って相手の緊張を和らげ、親しみを増してから話をするなどという姿勢を「同事《どうじ》」*11と言います。

＊11＝四摂法《ししょうぼう》のひとつで、四摂法の「摂」は引き寄せてまとめる意。四摂法とは、人々を引きつけ救うための四つの徳目で、①**布施《ふせ》**、②**愛語《あいご》**、③**利行《りぎょう》**、④**同事《どうじ》**、を言います。

①布施＝物質・金銭・肉体労働・精神のあらゆる面で他に奉仕すること。仏法の布施が最高。

②愛語＝慈愛に満ちた言葉で話す。

③利行＝相手のためになる行いをする。

④同事＝相手と同じ姿や立場に立って協力する。

布施に関する注意：施者・施物（物質に限りません）**・受者の三つが清らかであること。特に施者に「自分は良い事をしているのだ」という気持があると汚れます。無心でなければいけません。これを**三輪清浄《さんりんしょうじょう》**と言います。

＊＊＝**無財の七施（金がなくてもできる七つの布施）**＝**眼施《げんせ》**・**和顔悦色施《わげんえつじきせ》**・**言辞施《ごんじせ》**・**身施《しんせ》**・**心施《しんせ》**・**床座施《しょうざせ》**・**房舎施《ぼうじゃせ》**の七つ。

①眼施＝やさしい眼差しで人を見るという布施。病人でもこの布施ならばできる。

②和顔悦色施＝和やかな顔と喜びの表情で人に接する布施。

③言辞施＝相手のためになり、相手が喜び元気付けられるような言葉を掛ける布施。

④身施＝肉体労働の提供という布施。

⑤心施＝心持ちを提供する布施。

⑥床座施＝席を譲る布施。

⑦房舎施＝軒下を貸す布施（にわか雨の時など）

この他に、**無畏施《むいせ》**・**法施《ほうせ》**（左記）などがある。

無畏施＝恐れを取り除くという布施。

法施＝仏法を説く布施。（これが最高の布施）

「ボランティアの場合に気を付けること」

時々、振込票を同封して、寄付を要求して来る団体があり、もちろん、その団体が行っている行為は悪いとは思いませんが、「自分たちは社会に対して良いことをしているんだから寄付を要求するのは当然だ」とばかりの雰囲気があり、筆者は一種のいやらしさ、自負を感じ、寄付する気持にはなれません。また、唯識仏教を専門とされた太田久紀先生も、その著『仏教の深層心理』（有斐閣選書）の中で、「大乗仏教の極致は、俗を捨てるのと同じように聖をも捨てるのです（これでこそ「一つ」＝引用者注）。ところが聖なることをひけらかしてくると、元来清らかであるはずのものが、はなもちならぬものに変化してしまいます。云々」と言っておられました。

(三) 仏性《ぶっしょう》

さて、そこで、仏教では「**一切衆生悉有仏性**《いっさいしゅじょうしつうぶっしょう》」と言って、誰にでも仏性《ぶっしょう》（仏と成る可能性）があると説いていますが、あなたご自身に仏性はあるとお思いでしょうか？　それについては、左記の様に試されると良いと思います。

たとえば、デパートの装身具売り場に美しいダイヤモンドがあるので、つい手を出して盗みたくなる。しかしその時、同時に盗んではいけない！　と、盗みたくなった自分を抑制する、もう一人の自分があると思われます。その抑制心が出て来るのが、仏性がある証拠です。

この悪をしてはいけないと忠告する自分の心が「**自性清浄心**《じしょうしょうじょうしん》」の芽であって、それが育った何ものにも汚されない本体的に清らかな心が「自性清浄心」で、これは『大乗起信論』に見られる言葉です。また『大乗起信論』では、これが煩悩に隠されている状態を「如来蔵《にょらいぞう》」と呼んでいます。禅ではこの「自性清浄心」を「本分田地《ほんぶんでんち》」とも言っています。

前述したように、「元」には特別に深い意味はなく、「大本」と言った程度ですが、「原」の意味は無限に奥深く、底がありません。われわれには、あらゆる森羅万象を、この「原」から生み出された「尊いもの」と感じられるようになることが必要なのです。もちろん森羅万象の中には、われわれ自身も「原」から生み出されたものとして含まれています。ここから仏教が説く重要概念「仏性」が説明できるのです。

すなわち「仏性」とは、われわれ衆生に本来備わっているが、まだそれが表に出ていない、仏に成る可能性です。

「如来蔵」「自性清浄心」などはそれを裏付ける言葉です。

ここから本格的な謙虚・慈悲といった気持が湧き出して来るのであり、自分について言えば、徹底した中にゆるぎない自信が得られ、同時に限りなく謙虚になり、この自分にも「仏性」があるのだと徹見できることが、悟り（禅宗では見性《けんじょう》）の第一歩です。

ここでわれわれ科学者にとって大切な姿勢は、「物にも仏性がある」と徹見することだと考えます。物は寸分の狂いなく自然法則通りに動きますし、またそれ以外の動き方はしませんから、その意味において仏性丸出しです。

また、【本章 五、般若と識】の中で述べた「縁起」は、仏教の重要な中心思想で、長い仏教の歴史の中で、仏教思想の発展（解釈の深まり）に伴って、縁起の解釈が発展し、業《ごう》感《かん》縁起・阿頼耶識《あらやしき》縁起・如来蔵《にょらいぞう》縁起（真如《しんにょ》縁起）・法界《ほっかい》縁起・六大《ろくだい》縁起、等いろんな縁起観、すなわち世界観というか宇宙観が生まれるに至ったのです。（この各縁起観については、本書の範囲を越えますので説明は略します。）

（四）六波羅蜜《ろくはらみつ》

波羅蜜《はらみつ》（或は波羅蜜多《はらみった》）は、サンスクリット語の「パーラミター」を漢字に音写したもので、悟りに到る行《ぎょう》という意味があります。（音写《おんしゃ》の時、鳩摩羅什《くまらじゅう》は「波羅蜜」とし、玄《げん》奘《じょう》は「波羅蜜多」と「多」の字を付けました。）

それで**六波羅蜜**とは、左記の六つの行を言います。

①布施（波羅蜜）――すでに〈菩提心〉の終りで説明しました。（五五頁）

②持戒《じかい》（波羅蜜）――戒《いましめ》を守って持ち続け、身をつつしむこと。

③忍辱《にんにく》（波羅蜜）――他に対して常に寛容で、他から加えられた、いかなる辱《はずかし》めや困難をも耐え忍ぶだけでなく、逆に自分がどんなに得意な状況になっても高ぶらない心を持つこと。広義の忍耐。

④精進（波羅蜜）――われを忘れるほどに集中して、善なること意義あることに一生懸命努力すること。

⑤禅定《ぜんじょう》（波羅蜜）――坐禅で心が定まって微動だにしない状態。心を水面にたとえると、その波立ちを治め、水面を波のない鏡のように平静な状態に保ち、静かで落ち着いた心になること。

⑥般若（波羅蜜）――**これが本書の重要事項「般若波羅蜜」です。これは右記の五つの波羅蜜を修することによって得られるもので、悟りに到る修行の総仕上げです。右記**

の五波羅蜜はこのためにあると言ってもよろしい。なお、般若波羅蜜は、別名、智慧《ちえ》波羅蜜とも言われます。

ここで、般若波羅蜜を支える禅定波羅蜜に参考になる、『白隠禅師坐禅和讃《はくいんぜんじざぜんわさん》』について説明します。

(五)『白隠禅師坐禅和讃《はくいんぜんじざぜんわさん》』と般若

この和讃は江戸中期に作られた由ですが、今日でもこれ以上のものは作れないと言われるほどの傑作。また、和讃とは日本語で書かれた仏教的な歌のことです。(すべては大事ですが、左記で、傍線を付した1、31、44の三行が、特に大切。)

1　衆生《しゆじよう》本来佛なり　　2　水と氷の如くにて

1＝「衆生」は狭義にはわれわれ凡夫のこと。広義にはすべての存在の意。傍線を付した部分を、「**本覚《ほんがく》**」と言い、一切衆生が本来的に備えている悟（覚）りの智慧で、如来蔵とか仏性を覚という面から言ったもの。

2＝水は、心が滞らないでサラサラ流れる仏を、氷は、心が固まって身動きならない衆生を例えたもの。

3　水を離れて氷なく　　4　衆生の外《ほか》に佛なし

1〜4＝「本覚《ほんがく》」思想を端的に表している。言うなれば、未研のダイヤモンドである。そして、修行（この場合は坐禅）によってその煩悩を転じれば（研磨すれば）（左記40以降）悟った仏が輝き出すとする。これが「始覚《しかく》」である。ここにも、汚濁と清浄とが「一つ」になった「二元性一原論」が観られる。

5　衆生近きを知らずして　　6　遠く求むるはかなさよ

7　たとえば水の中に居て　　8　渇《かつ》を叫ぶが如くなり

5〜8＝幸せは、近く自分の心中にあり。

9　長者の家の子となりて　　10　貧里に迷うに異ならず

9、10＝仏教では有名な、法華《ほっけ》七喩《しちゆ》の一つ、「長者窮子の喩《ちょうじゃぐうじのたとえ》」の引用。

簡単に言えば、ある長者の子供が幼い時に家出した。彼は五十年間、他国を流浪し困窮したあげく、父の邸宅とは知らずに門前にたどりついた。父親は偶然見たその子供が息子だと確信し、召使いに連れてくるよう命じたが、何も知らない息子は捕えられるのが嫌で逃げてしまう。長者は一計を案じ、息子が恐れないように、召使いにみすぼらしい格好をさせ、「いい仕事があるから一緒にやらないか」と誘うように命じ、ついに邸宅に連れ戻した。やがて二十年経ち臨終を前にした長者は、窮子に財産の管理を任せ、実の子であることを明かした。

この物語の長者とは仏で、子供（窮子）とは衆生であり、仏の様々な化導によって、一切の衆生はみな仏の子であることを自覚し、成仏することができるということを表している。

11 六趣輪廻《ろくしゅりんね》の因縁は　12 己《おのれ》が愚痴《ぐち》の闇路なり

11＝六趣輪廻：六趣については、すでに〈菩提心〉の所で述べた（五〇頁）。

13 闇路にやみぢを踏《ふ》み添《そえ》て　14 いつか生死を離るべき
15 夫《そ》れ摩訶衍《まかえん》の禅定《ぜんじょう》は　16 稱歎《しょうたん》するに餘《あま》りあり

15＝摩訶衍：大乗の意。

17　布施《ふせ》や持戒《じかい》の諸波羅蜜《しょはらみつ》　18　念佛懺悔修行等《ねんぶつさんげしゅぎょうとう》

18＝「懺悔」は、仏教では、「ざんげ」と濁らず、「さんげ」と読む。

19　其《そ》の品《しな》多き諸善行《しょぜんぎょう》　20　皆この中《うち》に歸《き》するなり

21　一座《いちざ》の功《こう》をなす人も　22　積みし無量の罪ほろぶ

21＝「たった一回坐るだけでも」の意。

22＝この「罪」とは刑法上の罪ではなく、自分が抱き後悔し悩まされている気持のこと。相手に謝罪しなくてもよいというのではない。

23　悪趣何處《あくしゅいずく》にありぬべき　24　浄土即ち遠からず

25　辱《かたじ》けなくも此《こ》の法《のり》を　26　一たび耳にふるる時

27　讃歎随喜《さんたんずいき》する人は　28　福を得ること限りなし

29　いわんや自《みずか》ら回向《えこう》して　30　直《じき》に自性《じしょう》を證《しょう》すれば

29＝「回向」とは「廻向」とも書き、自分の善行の功徳《くどく》を他の一切に回らし向けること。功徳を独り占めにしていただけでは真の功徳にはならず、それを他の一切に回《めぐ》らし向けることによって完全な功徳になるという、大乗仏教の思想。

「自ら回向して」とは、自発的にみずから進んで坐禅して、という意味。

30＝「自己とは何か？」こそが、仏教の重要課題。「仏道を習うというは、自己を習うなり」（道元禅師）

31 自性《じしょう》即ち無性《むしょう》にて

32 すでに戯論《けろん》を離れたり

31＝自性とは、もの・ことが常に同一性と固有性を保ち続け、それ自身で存在する本性を言うが、人間については、自我のことと思ってよい。自我は妄想。

32＝「戯論」戯れの論の意で、拡散・分化・複雑化した世界（現象界）の論を指す。

33 因果《いんが》一如《いちにょ》の門ひらけ

34 無二無三《むにむさん》の道直《なお》し

33＝「因果一如」については、拙著『仏教新論』（二〇八頁）を参照。

34＝「無二無三の道」とは「一つ」の道のこと。その理論構造が「二元性一原論」。

35 無《む》相《そう》の相《そう》を相として

36 行くも帰るも余所《よそ》ならず

36＝出所は『臨済録』、「途中に在って家舎《かしゃ》を離れず。家舎を離れて途中に在《ざい》せず」から。

37 無念の念を念として

38 謳《うた》うも舞うも法《のり》の聲《こえ》

38＝自在の境地。思うままに振る舞っても、道を踏み外すことはなくなった。

39 三昧無礙《むげ》の空ひろく

40 四《し》智圓妙《ちえんみょう》の月さえん

40＝「四智」は、「唯識論《ゆいしきろん》」の言葉。識が転《てん》[*12]じて得られた「智」という意味で、左記の四つです。
・成所作智《じょうしょさち》＝あらゆるものを、その完成へ導く智。
・妙観察智《みょうかんさつち》＝発見にも、必要な智。
・平等性智《びょうどうしょうち》＝我執を離れて、あらゆるものを平等に見る智。
・大円鏡智《だいえんきょうち》＝あるがままに（実相）を映す智。

＊12＝この「転」については、後で【第四章 一、悪を善に転ずる「三性の理」】の【(三) 転じる】（九四頁）、で説明しますが、詳しくは、拙著『退歩を学べ』（第四章）を御覧下さい。

41　此の時何をか求むべき　　42　寂滅現前《じゃくめつげんぜん》する故に

42＝「陰の頭」の特質は寂静。複雑・喧騒ではだめ。シンプルで静かなもの。

43　當處《とうしょ》即ち蓮華《れんげ》國《こく》　　44　**此の身即ち佛なり**

44＝1〜4で述べたように、この状態を「始覚《しかく》」という。

この坐禅和讃の17〜20では、白隠禅師は、禅定波羅蜜の中へ、布施・持戒・忍辱・精進の四つの波羅蜜を含めておられますが、この四つの波羅蜜を修することが良き禅定へ入るためには必要です。

「般若」は、右記の「六波羅蜜」を（特に禅定波羅蜜を）修して、初めて得られるものです。その般若の智慧には、世界の真実の姿（実相）を洞察することができる力があります。その**般若の力で、すべては空であると徹見することができるのです**。

【七】❈ 讃《さん》般若波羅《はら》蜜偈《みつげ》

龍樹菩薩《りゅうじゅぼさつ》は、その著、『大智度論《だいちどろん》』*13（百巻）にある、般若波羅蜜をたたえる歌：讃般若波羅蜜偈*14の中で、次のように述べておられます。拝読すれば、二元論の論理から言えば、矛盾した個所も多々見られますが、これが般若の特徴と言えましょう。

*13＝『大智度論』は、龍樹（西暦一五〇～二五〇年頃）による、『摩訶般若波羅蜜経』（略称、『大品《だいぼん》般若経』。広く流布した『般若心経』とは異なる）の注釈をしたものであるが、初期大乗仏教からインド中期仏教までの術語を詳説する形式になっているので、仏教百科事典的に扱われることが多い。漢訳者は鳩摩羅什《くまらじゅう》（三五〇～四〇九年頃）。なお、『大智度論』という名前と、『摩訶般若波羅蜜経』という名前は、左記のように、良い対比になっている。すなわち、摩訶＝大（ただし、この大は、大小の大という相対的な大を超えた大で、「おおきい」よりもむしろ「りっぱな」と言った方が良い）、般若＝智、波羅蜜＝度（悟りを得る修行）、経＝論。

摩訶	般若	波羅蜜	経
＝	＝	＝	＝
大	智	度	論

*14＝「偈」とは、仏の教えや菩薩の徳をたたえるのに韻文（一定の音響的規則に則って書かれた文章）の形式で述べたもの。

〈原　文〉

般若波羅蜜　実法不顚倒《てんどう》
念想観已《すでに》除　言語法亦《また》滅
無量衆罪除　清浄心常一
如レ是尊妙人　則能見般若
如二虚空無染一　無レ戯無二文字一
若能如レ是観　是即為二見仏一
若如レ法観レ仏　般若及涅槃《ねはん》

〈筆者の読み下し大意〉

般若波羅蜜は、本物で、逆転した誤った考えにはならず、
妄想のハタラキはすでに除かれ、言葉も消えた、
無量の心配事は除かれ、清浄で心は常に一つだ、
このように尊妙人は、よく般若を見ることができ、
虚空が無染のように、戯れなく、文字もなし、
若しよくこのように観《み》たならば、即ち仏を見たてまつったことになる。
若し法身の仏を観たならば、仏・般若・涅槃*15の

是三則一相　其実無レ有レ異
三つは、同じもので、異なる点はないと分かる。

諸仏及菩薩　能利ニ益一切一
諸仏と菩薩《ぼさつ》*16は、よく一切を利益される。

*15＝煩悩の火が吹き消された状態で、悟りの境地。
*16＝【本章 六、般若波羅蜜】の【（二）菩薩】で詳述。

般若為レ之母　能出生養育
般若はこれがために母である。良く産み育て、育まれる。

仏為ニ衆生父一　般若能生レ仏
仏は衆生の父である。般若は良く仏を生ず。

是即為ニ一切　衆生之祖母
このことは一切を衆生の祖母とすることである。

般若是一法　仏説種種名
随ニ諸衆生力一　為レ之立ニ異字一
般若は一法である。仏は説法を聴く相手の力に応じて、種々の名前を使って説法される。

若人得ニ般若一　議論心皆滅
若し人、般若を得れば、議論する心が皆なくなる。

譬如二日出時　朝露一時失一　それは太陽が出ると、朝露が一度に消えてしまうようなものである。

般若之威徳　能動二二種人一　般若の威徳は、良く二種類の人を動かす。

無智者恐怖　有智者歓喜　無智の者は恐怖し、智慧ある者は歓喜する。

若人得二般若一　則為二般若主一　若し人般若を得て、則ち般若の主とならば、

般若中不レ著　何況於二余法一　般若の中ですら執着しなくなる。当然他の思想には、執着がなくなる。

般若無二所来一　亦復無二所去一　般若は来る所なく、また去る所もない。

智者一切処　求レ之不レ能レ得　智者はあらゆる所で、般若を求めても得られない。

若不レ見二般若一　是則為レ被レ縛　若し般若を見なかったら、その虜になる。

若人見二般若一　是亦名レ被レ縛　若し人、般若を見れば、これまた虜になる。

若人見二般若一　是則得二解脱一　若し人、般若を見れば、これ即ち解脱《げだつ》*17を得る。

若不レ見二般若一　是亦得二解脱一　若し人、般若を見なくても、また解脱を

得る。

是事為㆓希有㆒　甚深有㆓大名㆒

このことは希で、測り難い、大きな名声がある。

譬如㆓幻化物㆒　見而不㆑可㆑見

たとえば幻は、見ても見えないようなものである。

諸仏及菩薩　声聞辟支仏*18

諸仏・菩薩*16・声聞・辟支仏は、すべて

30　解脱涅槃道　皆従㆓般若㆒得

般若に従って、解脱・涅槃の道を得ておられる。

言説為㆓世俗㆒　憐㆓愍一切㆒故

言説は世俗の為で、一切を憐れむからで、

仮名説㆓諸法㆒　雖㆑説而不説

仮に名付けて、諸法を説く。それは説いても**説けないのである。**

*17＝煩悩の束縛から解放された状態で、仏教では、涅槃と同じ意味。

*18＝辟支仏《びゃくしぶつ》：「縁覚《えんがく》」とも言い、独自に悟ろうとしている修行者。同類に「声聞《しょうもん》」がありますが、これは教えを聴いて悟ろうとしている修行者です。「縁覚」「声聞」共に利他行は行わず、その意味で素質が低いとされています。

35

般若波羅蜜　譬如二大火焔一
四辺不レ可レ取　無二取亦不取一
一切取已捨　是名二不可取一
不可取而取　是則名為レ取
般若無二壊相一　過二一切言語一
適無二所依止一　唯能讃二其徳一
般若雖レ叵《べからず》レ讃　我今能得レ讃
雖レ未レ脱二死地一　則為二已得一レ出

般若波羅蜜は、大火の炎のようなもので、その周囲は手が付けられず、取るも取らないもない。

一切取りおわって捨てる、これを取るべからずという。

取るべからずして、しかも取る。これを取ると名付ける。

般若には壊れるということがない。一切の言葉を超えており、

どこも頼る所はない。誰がその徳を讃えられるであろうか。

般若は偉大過ぎて、讃えることはできないが、私は今よく讃えることができた。

未だ死地を抜け出てはいないが、般若のお陰で出ることができた。

讃般若波羅蜜偈のお目に掛けたい部分は以上であるが、この偈の第2行目下にある、「言語法また滅す」や、第5行目下の「戯なく文字もなし」、および第15行目の「若し人般若を得れば、議論心みな滅す」を、とくと味わって頂きたい。説けども説けぬ世界である。第31、32行目には、「一切を哀れむので、世俗の為に、言葉で説くが、それは仮のもので、本当は説いても説けないものである」とある。

第23行目から第26行目までが、般若、無分別の不可得性を表している。この四行は科学の二元論の論理から見れば、矛盾もよいところであろう。若しそれが矛盾に思われるならば、それは分別二見の世界から眺めておられるからである。無分別、般若の世界では、これが矛盾ではなくなるのである。第23行目で「若し般若を見なければ、縛せられる（しばられる）」とあるから、それならば、般若を見れば、しばられないのか、と思うのは二見に堕した見方となる。続く第24行目はそうではなく、「若し人、般若を見ればこれまた縛せられる」とある。そしてさらに第25行目には、「般若を見れば、解脱を得る」とあり、第26行目には、「般若を見なくても、これまた解脱を得る」と出ている。もちろん、この第26行目は、それならば、無分別を得る修行はしなくてもよいというのではない。無分別を通過し、般若を得てから般若を捨てて（第35行目上）、般若にも固執しなくなった状態が、本当に般若が納得できた状態なのである。このことが『金剛般若波羅蜜経（金剛経）』（次の【本章 八、『金剛経』の論理】に解説あり）では、

佛説般若波羅蜜 即非《そくひ》 般若波羅蜜 是名《ぜみょう》 般若波羅蜜

と表現されています。

【八】❖『金剛経』の論理

『金剛経』も『般若経』の内のお経ですから、ここにその独特の論理を紹介しておきます。一口に『金剛経』と言っても、『金剛経』には、『大正新脩《しんしゅう》大蔵経』（大正時代に編纂され、今でも最も信頼されている一切経）に収録されているものだけでも、六件あり、その内、

・『金剛般若波羅蜜経』、鳩摩《くま》羅什《らじゅう》訳（一巻）（図2―3はその一部）は、『般若心経』に

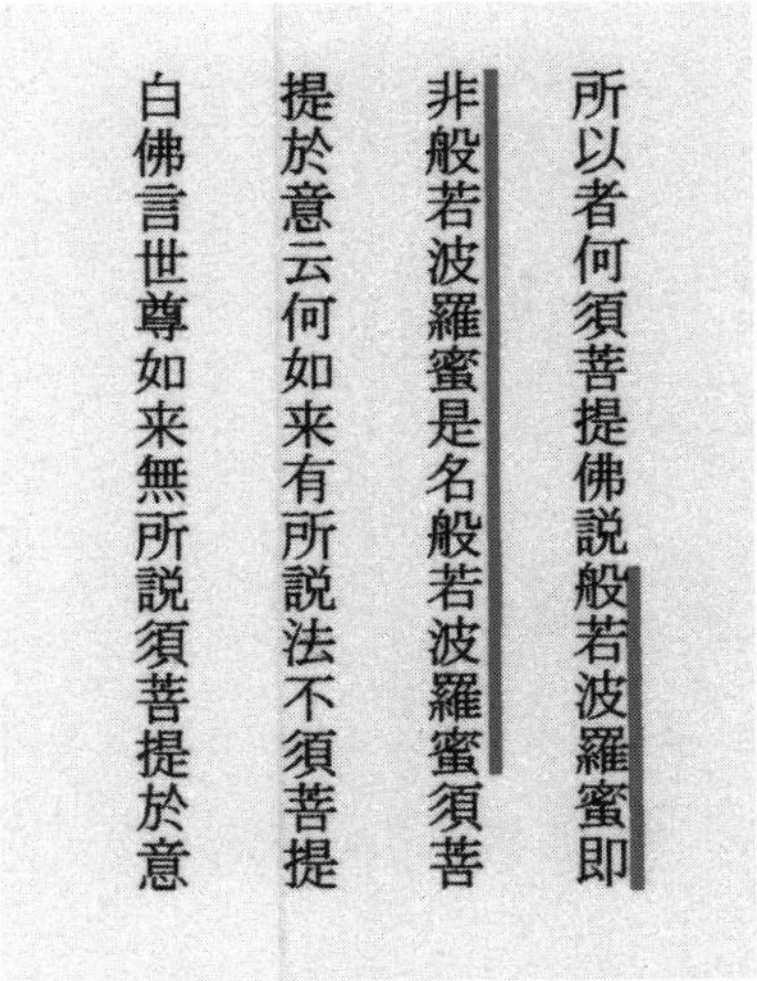
所以者何須菩提佛説般若波羅蜜即
非般若波羅蜜是名般若波羅蜜須菩
提於意云何如来有所説法不須菩提
白佛言世尊如来無所説須菩提於意

図 2-3　『金剛般若波羅蜜経』鳩摩羅什訳の一部

次いで最も広く読まれ、殊に禅宗では、重要視されているものです。

また、

・『金剛能断般若波羅蜜経』、笈多《ぎゅうた》訳（一巻）、

・『佛説能断金剛般若波羅蜜多経』、義浄《ぎじょう》訳（一巻）

の二つには、「能断《のうだん》」の修飾語が付けられています。

大乗経典には、しばしば、このように、その内容を端的に示す修飾語が付いているものがあり、たとえば、『華《け》厳《ごん》経』には「大方広仏《だいほうこうぶつ》」が、『涅《ね》槃《はん》経』には「大般《だいはつ》」（これらの「大」は、【本章 七、讃般若波羅蜜偈】の所で述べたように、「大小の大、を超えた絶対的な大」）が付いていますが、『金剛経』に付いているのは、「能断」すなわち「ダイヤモンド刃のように良く切れる」という修飾語です。

その修飾語が示す通り、『金剛経』の論理を持ち出せば、ズバズバと良く切れるのです。その理由は、【図2―3『金剛般若波羅蜜経』鳩摩羅什訳の一部】に傍線で示したように、

佛説般若波羅蜜 即非 般若波羅蜜 是名 般若波羅蜜

という件《くだり》があり、直訳すれば、

般若波羅蜜は 即ち 般若波羅蜜に非ず これを般若波羅蜜と名付ける

となります。この論法は、「即非《そくひ》の論理」と言われ、『金剛経』を通して何十個所と現れるものですが、これでは、二元論の論理からすれば、全く矛盾した、メチャメチャで、意味など分かる訳はありません。

しかし、非をnotと訳さないで、超える、超越する、と訳せば、幾らか納得が行くと思います。たとえば、

紛失 即非 紛失 是名 紛失

ということは、「物がなくなったということは、物質としての物がなくなったことではなく、その物が何所にあるか、という情報がなくなった」これを我々は、物がなくなったと言っている、と解釈しては如何でしょうか。

【九】◈理解と理会、表現の矛盾と理会の矛盾

前記では「理解」という語を多用しました。この「理解」という語は、理性の「理」と分解の「解」とから成り立っており、とりわけ「解」の方は『漢和大辞典』(学研、藤堂明保編)によれば、「角＋刀＋牛の会意文字で、刀で牛のからだや角をばらばらに分解することを示す」「一体をなしたものをばらばらに分ける。また、一体をなしていたものが離れわかれる……」と出ているのです。ゆえに理解するとは、理性でもって分けるという意味になると思います。

すでに述べたように、「一つ」ということは、理解とは反対方向の作用だということがおわかりになっているでしょう。いや、そもそも「わかる」とは「分ける」ことを本質としていることを文字が物語っています。

故に「一つ」は、理解とか分かるというよりも、「納得する」とか「ドスンと心の底に落ち着ける」とか「腑に落ちる」とかと表現する方が当っていると思います。分けるから納得できるのではなく、合わせるから納得できるという意味で、理解ではなく、「解」を「会」に代えた「理会」という語を使うこともあるくらいなのです。この「理会」という語は明治時代の論文に見られたということを聞いています。用例を挙げれば、

「このゆえに人は自己の中にある理によって宇宙成立の原理を「理会」することができるのである。」（西田幾多郎著『善の研究』（岩波文庫、一九五〇年）第二編、第六章終りの部分より。）

しかし、たとえ理会という語を使おうとも、「一つ」に合わせるということは、分解を本性とする言葉や文字の限界を超えています。そこで先人たちにはその表現に非常に苦労をされた跡が見え、我が国発の世界に冠たる西田哲学（右記）に現れる「絶対矛盾的自己同一」もそうですが、「**表現の矛盾と理会の矛盾**」という言い方も生まれたと聞いていま

す。【図式1-1「切る」】（二一頁）の近くで述べた「走即止」などは、明らかに表現は矛盾していますが、心の基底では、もやもやしたものはなくなって、スッキリと腑に落ちていて、つまり理会の上では矛盾がなくなっているのです。

【第三章】

「二元性一原論」とは

【二】❖「二元性一原論」という言葉の起り

ここでは、本書の力点のひとつ「二元性一原論」について述べることにします。

二元性一原論という言葉は、筆者の自在研究所で、後藤榮山老大師を講師にお招きして、仏教学の勉強会を始めてから、老大師が作られたものです。これは仏教教義を端的に表すもので、われわれが使わせて頂いているものです。したがって、今のところ、仏教界で一般的に通用するものではありませんが、今後広まってゆくことを望んでおります。

私たちは、冒頭の【第一章 一、仏教では「一つ」が重要】で述べたように、なんと言っても、宇宙や世界の成り立ちの本当の姿（実相という）を理会し、存在の究極とか、全体とかというものにまで考えを及ぼさなければならないと思われます。若しもそうしなければ、仏教は身につかないと思いますし、また、本書が目的とする、絶対的な強さのある「二元性一原論」という理論体系を手に入れることは不可能になってしまうでしょう。

しかし、この、存在の究極というか、全体というものは、繰り返しになりますが、表現できないのです。逆に言えば、表現できたものは、「自分」がそのものから外へ出てしまっているので、全体ではあり得ません。

つまり、全体というものには、自分もその中に入っていなければ、それは全体ではないということです。

【二】◈論理の構造からの命名

ここまでの準備の下に、右記を、論理の構造から命名したのが「二元性一原論」なのです。

【図1-1 カッター】（二〇頁）の下の次元には、（切る（陽））と（切れない（陰））の二つがありましたが、この二つが「二元」で、その「元」には特別に深い意味はなく、「大本」と言った程度のものです。

しかし、同図の上の次元には、発音は同じ「きる」でも、「切る」と、「　」付きで出ており、加えて（この「切る」が大事）という説明まで付いています。このことからも窺えるように、この「切る」に相当する位置に「原」が置かれるのです。すなわち、次頁の図式になります。

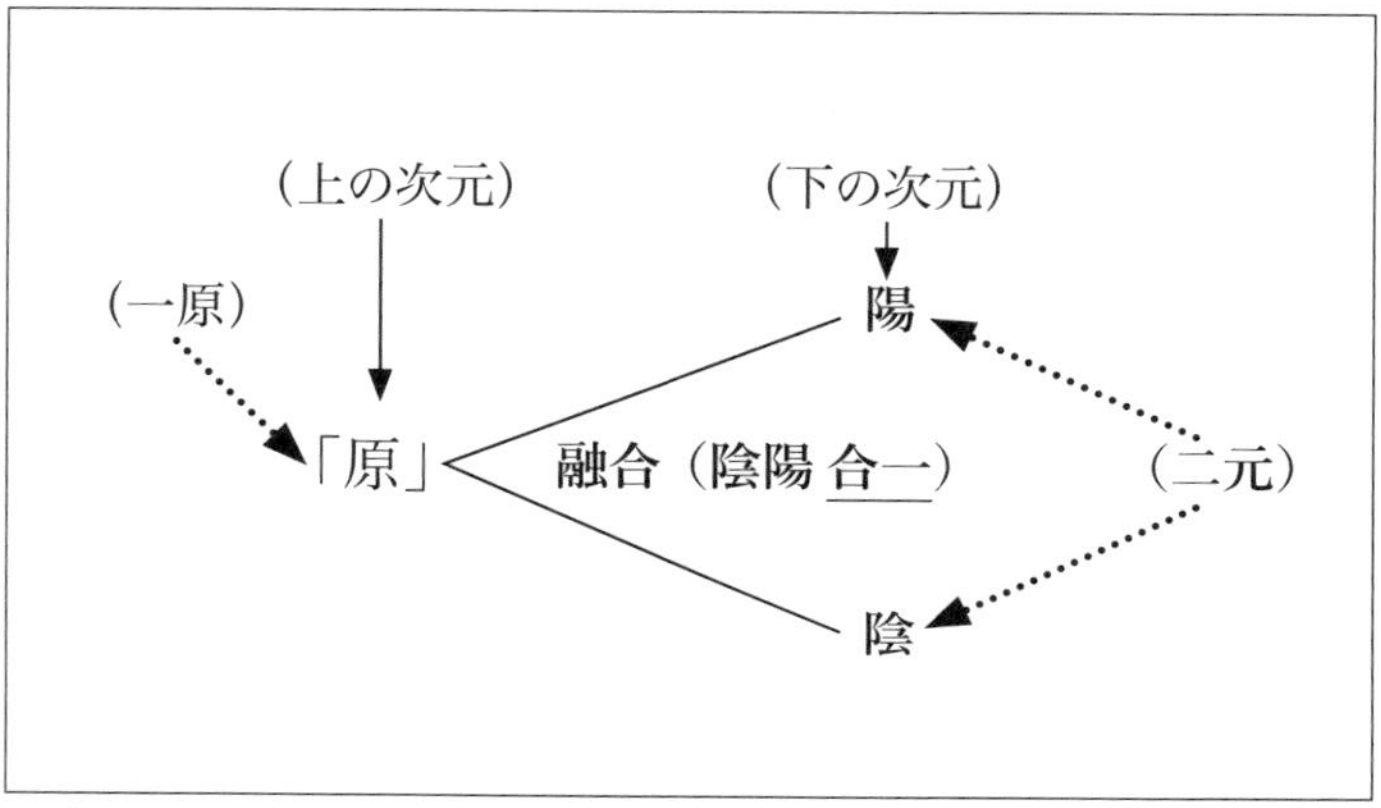

図式３－１　「二元性一原論」の図式

【三】◈「元」と「原」との違い、仏性

前述したように、「元」には特別に深い意味はなく、「大本」と言った程度ですが、「原」の意味は無限に奥深く、底がありません。すでにお分かりのように、「原」は表現不可能です、そのことを承知の上であえて表現すれば、繰り返しになりますが「それは、この大宇宙を生み、動かしている、根本的な力」とでも言えましょうか。それはエネルギーのようなもので、目には見えませんが、それによって百億光年という単位で記述するような広大な世界も、ウイルスのようなミクロの世界も作り出され、動かされている訳です。

仏道を歩むわれわれには、あらゆる森羅万象を、この「原」から生み出された「尊いもの」と感じられるようになることが必要なのです。もちろん森羅万象の中には、われわれ自身も「原」から生み出されたものとして含まれています。ここから仏教が説く重要概念「仏性《ぶっしょう》」が説明できるのです。

仏教では「一切衆生悉有《しつう》仏性」と言って、すべての存在には、侵すことが不可能な尊い本性があると観《み》て、この侵すことが不可能な尊い本性を「仏性《ぶっしょう》」と名付けられています。

ここから本格的な謙虚・慈悲といった気持が湧き出して来るのであり、自分について言えば、徹底した中にゆるぎない自信が得られ、同時に限りなく謙虚になると言っているのです。

「仏性」には自性《じしょう》清浄心《しょうじょうしん》、如来蔵《にょらいぞう》等の別名があり（【第二章 六、般若波羅蜜（三）仏性】を参照）、前者はその本性を端的に表し、後者は如来が入っておられると、分かり易い表現です。

ここでわれわれ科学者にとって大切な姿勢は、「物にも仏性がある」と徹見することです。

【四】❖「原」についてまとめ

これまでの記述で、「二元性一原論」の「原」についてばらばらに述べたので、ここでそれを、まとめておきたいと思います。

①「原」は、表現すれば、そのものではなくなってしまう世界である。
②「原」は、考えたのでは、気付かないもので、忘れなければ気付かないもの。
「原」に気付くのは、般若によってである。
③その世界を表現できないのは、表現力の不足ではなく、まして、頭が悪いかでもなく、本質的に、そうなのである。
④その世界は、自分をも含めた、全体である。
⑤その世界は、目には見えないが、あえてたとえれば、物理学で言うエネルギーのようなもの、と言うことができよう。
⑥そして、その世界は、「動」を本質として、生きて、ハタラキを示す。
⑦「原」は、「止められない車は走れない」という特性を示す。つまり、正反対のもの

の同居である。「目的の中に手段が、手段の中に目的が、含まれている」という特性を示す。
⑧われわれは、むしろ、このハタラキを通して、「原」を知っている。
⑨宇宙の森羅万象一切は、この「原」のハタラキによって生まれ、また壊れて行く。このことを『臨済録《りんざいろく》』（後述）では、「真正成壊《しんしょうじょうえ》」と表現されており、仏教一般では、「諸行無常」「流動・変化」として、仏教の旗印になっている。

薩摩訶薩如是行。亦不見生亦不見滅。亦不見垢亦不見淨。何以故。名字是因緣和合作法。但分別憶想假名說。是故菩薩摩訶薩行般若波羅蜜時。不見一切名字。不見故不著

*摩訶般若波羅蜜經習應品第三 ⑭丹本名爲習相應品

佛告舍利弗。菩薩摩訶薩行般若波羅蜜時。應如是思惟。菩薩但有⑮名字。佛亦但有字。般若波羅蜜亦但有字。色但有字受想行識亦但有字。舍利弗。如我但有字。一切我常不可得。⑯衆生壽者命者生者。養育衆數人者。作者使作者。起者使起者。受者

図 3-1　『大品般若経』の一部
（大正新修大蔵経より）

⑩この「原」こそが、法身の「仏」である。
⑪それを言うために、『摩訶《まか》般《はん》若波《にゃは》羅蜜経《らみつきょう》』（略称、『大品《だいぼん》般若経』。いわゆる『般若心経《はんにゃしんぎょう》』とは異なる）というお経（図3–1）には、

佛は（十大弟子の一人）舎利弗《しゃりほつ》に告げて、菩薩摩訶薩《ぼさつまかさつ》（菩薩のこと）が般若波羅蜜《はんにゃはらみつ》を行ずる時、まさに次のように思って行うべきである。菩薩はただ名と文字とがあるのみである。佛もまた文字があるのみである。般若波羅蜜もまた文字があるのみである。

という、件《くだり》がある程です。

以上ですが、仏教の修行は、自己がこの表現できない世界に成り切るところを目指すのです。別の言い方をすれば、「自我が完全に滅却した状態」を理想とします。そして、長い歴史の間に、この世界の呼び名としていろいろな言葉が用いられて来ました。妙《みょう》・如《にょ》・真如《しんにょ》……等、また場合によっては、空《くう》・無《む》・中《ちゅう》、どれもが絶対の次元の言葉です。

なお、仏を如来《にょらい》とお呼びすることも多いのですが、この如来とは、「如から来られた方」という意味です。また空や無は存在の有りようを示す言葉で、存在自身を示す言葉ではありません。空や無が存在するというのは、無意味な話です。

【第四章】

大事な仏教教義いくつか

【二】◈悪を善に転じる「三性の理」

ここでは「三性《さんしょう》の理」という、仏教が説く奥深い善悪論について説明します。

三性は、今日的な発音としては、サンセイでしょうが、仏教ではサンショウと読むならわしになっています。

読者にはこの説明を通して、心をコントロールし、浄めることが、いかに大切なものであるかを再認識して頂きたい。それは、どんなに善いことであっても、悪い心の持ち主の手にかかれば、悪に変わってしまうからです。しかも、善性が強ければ強いほど、悪に変わったときには悪性が強く発現してしまうのです。本当に善を望むのならば、心を浄める以外に方法はないことがお分かり頂けると思います。

ここで言う三性とは、「善・無記《むき》・悪」の三つのことです。

(一) 無記

「無記」とは、善悪という価値観念を超えた観点からの呼び名のことです。

この「記」とは、○や×を付ける、つまり記入するという意味で、「無記」とは、これは良いから○、これはだめだから×、という評価を行わないこと、すなわち善悪の価値を超えたという意味の言葉です。この「無記」という概念は、仏教哲学だけが発見した大発見と言ってよく、西欧のデカルトだ、カントだ、ヘーゲルだ、という大哲学にもないものです。

ここで大事な点は、無記を位置付ける思考構造、すなわち「善・悪」と「無記」との関係です。

たとえば、無記とは善と悪との中間、つまり半分善で半分悪というふうに把握されると、以下の説明はまったく理解不能に陥ってしまいます。そのように思考されると【図式4-1 善・無記・悪の関係】の(a)のように、線分の左端に善が、右端に悪があり、中間に無記が位置するという、善・無記・悪が同列の直線上に並ぶ図式が出来上がってしまいます。するとと無記とは、図式が示すように（善+悪）／2という、半分善で半分悪ということになりますが、もちろんそのようなものではありません。

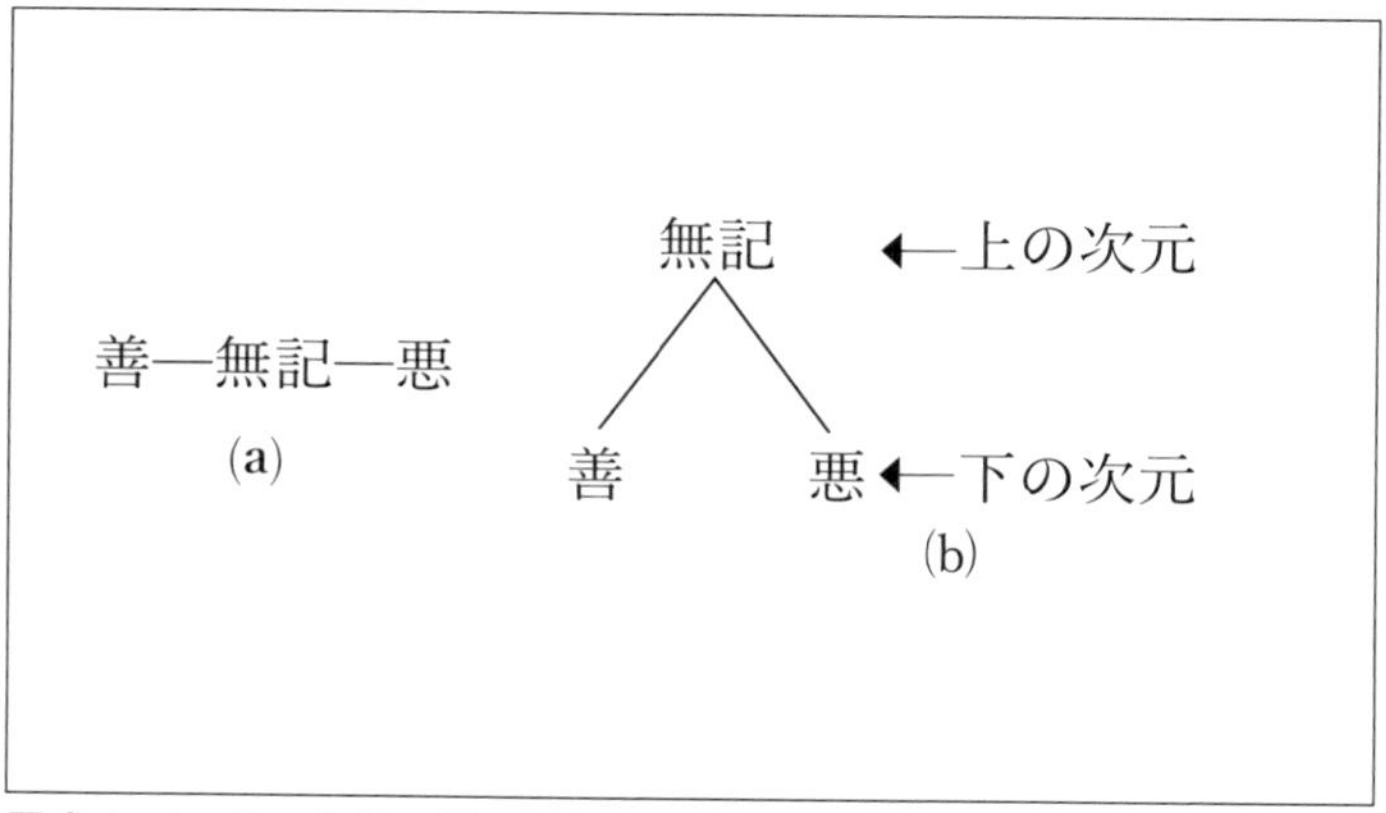

図式４−１　善・無記・悪の関係

無記は、【図式4−1 善・無記・悪の関係】の(b)のように三角形的な位置付けとして把握すべきです。

すなわち、善・無記・悪の3つは(a)のように同じ次元の上に同列に並ぶのではなく、(b)のように、善と悪とは下の次元に同列に並ぶのですが、無記は善悪とは次元を異にした、上の次元に位置するのです。この点は「二元性一原論」と形が一致します。

ゆえに、下の次元の世界には善悪という観念があるのに、上の次元の世界には善悪の観念はないと観《み》るのです。

上の次元の世界は非善非悪、つまり善も超え悪も超えた世界というふうに考えます。(非は、notではなく、超えるというふうに解釈して頂きたい。)

このような次元の向上、すなわち、【図式4-1】の(b)で表される思考構造(二元性一原論的)は仏教思想の一大特徴なのです。

(二) 説教強盗

毎日新聞によれば、かつて、説教強盗というのが実在しました。戸締りのよくない家に押し入っては、「おまえの所はこうこうこういう風に戸締りがルーズだ。だからおれが入ってくることができたのだ」と説教をしてから、物を盗んで引き揚げるという、人を食ったけしからぬ奴でした。それはやがて捕まって監獄にぶち込まれましたが、服役中に心を入れ換え、出獄後、他を以ては代えがたい、彼に最適の善なる職業に就いたのでした。

その職業は、なんと、防犯協会顧問でした。彼は一軒一軒、自分がやった手口を説明してまわり、戸締りを指導して防犯の実を上げたということです。考えてみれば、戸締りについてはこれ以上の先生はいないわけです。経験は強く、警察の防犯の専門家よりも強盗の手口についてはくわしく、実地体験からにじみ出た微に入り細にわたった指導ができたと言います。

(三) 転じる

彼は、前歴からすれば、常識ではその仕事に就く資格がない防犯協会顧問になり、悪人が善人に逆転して、善行をするようになったわけですが、まずは、この逆転した(転じた)という点に第一の重要なポイントがあります。

悪人は常に悪人ではありません。俗世間では一度悪人のレッテルを貼られてしまうと、その人は永久に悪人とされてしまうのですが、真実はそうではありません。存在は空ですから、固定的でなく流動的なのです。悪人は善人に変りえます。

注目すべきことは、彼の悪人から善人への逆転に際して、変えたものについてです。いったい彼は何を変えたのでしょうか。それは戸締りについての豊富な知識ではありません。戸締りの知識はそのまま保持しながら、変えたのはそれを使う方向だったのです。もしも強盗時代に得た戸締りの知識を捨ててしまったとしたならば、防犯の指導はできなくなってしまうことになります。

キーポイントは彼の心の転換にこそあったわけです。大切な点は、戸締りについての知識の深浅多少ではなく、心の入れ換えということなのです。物事の使い方は人の心しだいですから、心を入れ換えることによって、強盗という悪から防犯という善へと、戸締り知識の使い方が一八〇度の大転換をしたのでした。

ゆえに読者はここで、「戸締りに詳しい」ということは、悪にもなり善にもなることが理解されたと思います。

この、悪にもなり善にもなることができるもの——この場合は「戸締りに詳しい」ということ——それは善悪以前のものですから、善でもなく、また悪でもないわけで、それを「無記」というのです。

これで、読者は前掲の【図式4-1】の(b)の構造と、その中での無記というものの位置付けがお分りになったことと思います。まとめれば、次のようになります。

「無記」とは、善でも悪でもない、善悪以前のものこの「無記」というものを、われわれ人間が扱う時、扱い方に応じて善になったり、悪になったりするのです。

一般に、扱い方は人の心がコントロールしますから、心が乱れていれば、無記を悪作用するように扱ってしまい、心が整って、その制御がきちんとできていれば、無記を善になるように扱うことができるのです。彼は「戸締りに詳しい」という無記を、心が乱れている時には悪用し、改心してからは善用したということだったのです。

無記と善・悪と、心とのこのような関係を、とくと味わって頂きたいと切望します。肝心な点は、心のあり方に応じて、善の方向への門戸を開いて無記をそちらに向わせるか、悪の道へと向わせるかが分れるということです。

ところが、心の点を抜きにして考え、戸締りに詳しいということは恐ろしいことだ、危険なことだと把握されてしまうのが普通ではないでしょうか。右記からすれば、当然この見方は、洞察が効いていない錯覚です。それを扱う人間の心の状態とは無関係に、これは良いことだ、あれは悪いものだと、決まっていると見るのは、いかにも倫理道徳的な結構な分別のようですが、不十分な狭い見方と言わざるをえません。このような認識からは、それに続く思考判断がどんなに正しくても、間違った結論しか得られません。

(四) 除去するのではない

三性の理の要点は、以上ですが、それを別の角度からさらに深く考察してみると、善化は、悪い部分を切取って捨てるのではないということが分ってきます。

普通ならば、悪人を善人に変えるに際しては、彼の悪い部分を取り除くという発想になるのが常識的な考えで、善化とは外科手術のように悪い部分を切除することだと思っておられる向きが少なくないのではないでしょうか。

しかし右記の話では、彼の個性を矯《た》めて押え込んだり、除去したりしたわけではありません。彼の個性は強盗時代と防犯協会時代とで、なんら変ってはいないのです。この場合彼の個性とは、「戸締りに詳しい」ということであり、しかもその個性が防犯に活用できたわけでした。個性が全機《ぜんき》*19したのです。ここが極めて重要な点です。

*19＝持てる機能（ハタラキ）を余すところなく発揮することを言う禅語です。簡潔に深い意味を表した素晴らしい言葉なので、在家でも活用したいと思っています。

三性の理に基づいて洞察の眼を開いていただきたいポイントは、切除ではなく、転じるということの深い意味についてです。

善に転じるという行為の奥には、人為を超えた大自然の力によって作られたものと言いますか、あるいは天賦のものとでも言いますか、神の顕現と言うべきか――そういったものを尊重するという姿勢が秘められているのです。この現象界に出現したもの一切は、なんらかの意味をもってわれわれの前に現れてきているのです。悪の奥処《おくが》にある無記なるものを、たんにその場の判断だけで気に入らないからとして、むげに捨て去るのではなく、天賦のものと観て、なんとか活かそうとする態度、これが則天去私《そくてんきょし》の自由自在な姿勢です。万事が全機し調和する方向への道です。心の豊かさの糧でもあります。

なお、ここで大切な注意として、悪が善に転じるのならば、逆に、善も悪への転落の可能性を持っているということを強調しておきたいと考えます。心を許した途端に善は悪に転じるので、善というものは細心の注意をもって実行すべきものと熟考させられるからです。

(五)「三性の理」から見たノーベル賞

二〇〇〇年に、「導電性高分子の発見と発展」により、ノーベル化学賞を受賞された白川英樹筑波大学名誉教授の研究姿勢を「三性の理」から見てみたいと思います。

白川英樹先生は、東京工業大学資源化学研究所の助手だった頃、アセチレンからポリアセチレンを作る実験で、その処方を研究生に指示されましたが、その研究生は、白川先生が指示された触媒の量mmol(ミリモル)を、勘違いしてmol(モル)と読み、千倍もの触媒を入れてしまったのです。それでいくらたっても目的の粉末はできず、表面に薄い金属光沢の膜ができてしまい、この実験は失敗に終ったのでした。これはここで言う悪です。

しかし白川先生は、冷静に、液の表面に浮かんだ薄い膜を観察されたのです。この姿勢が、電導性高分子の発見という、輝かしい成果につながったのです。白川先生にはそういうことはなかったでしょうが、仮に研究生の失敗を責め、腹を立てるだけとしたら、そこからは何も生まれません。

要するに第一ステップは、悪に接した時、腹を立てないことです。

つづく第二ステップは、眼前に存在する悪事・悪現象を、価値を超えた無記の言葉で表現し直すことです。つまり無記の世界へ立ち返ることです。善悪を超えて原点へ復帰してみることです。これは、外側の現象としては全く同じなのですが、無記的に言い換えることによって、内側なる心の反応に天地の違いが現れるのです。白川先生の場合で言えば、反応液をのぞき込まれた瞬間に善悪が消え、失敗をとがめることよりも、そこに出現した薄い金属光沢の膜に全霊が集中して行きました。厳粛な自然現象の現れ（如来蔵）に探究心が注がれて行ったのです。その時、金属光沢から電導性高分子が先生の頭にひらめき、有為な発見としてノーベル賞に輝かれたのです。

(六) 失敗・成功に関する私見

ここで、失敗・成功に対する筆者の管見を申し述べたく思います。

失敗・成功というのは、現象が当座の人間の目標に合致したか、そうでないかを、人間が作り上げた価値感（あえて価値観とせずに価値感とする）に沿って判断しているだけのことです。自然現象は常にそんな人間の世俗レベルを超えて、清浄《しょうじょう》で厳粛です。これが無記というものです。

例を雨にとれば、たいていは晴の方が好ましいので、雨は嫌われ、マイナスの価値です。あるいは逆に、干ばつの場合とか、文芸で「雨情《うじょう》」に価値が置かれるような場合には、雨はプラスの価値を持ちます。いずれにしても価値がへばり付いています。「地球の中心へ向って移動するH_2Oの群」とでも表現すれば、無記的になりますが。悪に遭遇したときは、このように無記の表現をしてみられることをお薦めします。（ただしほとんどの日常語には、善か悪かの響きがあり、無記の語彙は少ないので、いきおい無記的表現は長くなります。そんなにも人間は価値というものにさいなまれているのです。）

およそわれわれの価値感というものには、まことにいい加減なところがあると思います。たとえば、ゴミというものは、普通われわれが感じているほどには汚いものではないのではないでしょうか。ご自分の家のゴミやほこりを、いちど拡大鏡で観察してみられることをお勧めします。拡大鏡下では、ゴミというようなものは姿を消してしまいます。毛くずが見える。よく見るとそれは、ゆうべ風呂に入る時脱いだシャツから抜け落ちた木綿の繊維の一本だ。なにかピカッと光る。見ればこの間、妻が玄関で指輪を落して宝石の角を欠かしたが、それが出てきた！　……というように、ごみの内容は、先刻まで大切だったものが非常に多いのです。いわば微細な宝の集合です。

そういう宝の集合体に対して憎悪の気持が湧き、あっちへ行けという拒否的な感じが生じた時、われわれはそれに、「ゴミ」とか「ほこり」とかという名を付けて表現しているわけで、同じ微細な粉体の集合でも、こっちへ来てほしいという気持を持った時には、それを「資源」と呼んで大切にするのです。

そこで、ゴミだの資源だのという価値が付随した言い方を止めて、クールになれば、

「CDにゴミが付いた！」が、

↓

「プラスチックの円盤に粉体が付着した。」


と、価値を脱落させた——無記の表現に変るわけです。

この価値を脱落させるところが肝心です。価値を脱落させるとは、非価値の世界へ入ることです。(無価値は値打がないことを言い、非価値は価値を問題にしないことを言います。) 価値がへばり付いていると、目がくらむとか、錯覚に陥るとか、とにかく眼力が鈍

るのです。もちろん価値は大切なものですが、悪を転じて新規の善を得ようという新しい価値の創造のためには、眼を開くことが必須であって、そのためには、ひとまず価値の世界から抜け出すことが必要なのです。

そして善悪から無記が出たというよりも、無記から善悪が生まれたのですから、無記という非価値の世界へ入ることは、ふる里への復帰なのです。重要な転機には、原点への復帰がものを言います。

われわれは一日に一時間でよいですから、毎日この非価値の世界へ復帰する修練を積むとよろしい。「悪口を言われた」が「鼓膜が振動した」に変って気持がスーッとします。

(七) 三性表

一〇五頁の【表1】をじっくりと味わって頂きたい。第一行はすでに説明しました。

第二行の、汚すと、書くとの両方に同じ面を見つけると、それは「白紙に黒い跡を付けること」となります(もちろん、黒い紙に白い跡でも、金属に跡でも同じこと)。その付いた跡が、気に入った場合が書いたということになり、付いた跡が都合の悪い時には、汚したという言葉で言い表されているわけです。書けないものは汚せませんが、それは墨や塗料が乗らないからです。逆に汚すことができるのならば、書くことができるという理です。

してみれば、気に入るとか、都合が悪いとかといった人間の心を抜き去ってしまえば、そこにはただ、跡が付いたというだけのことが存在していることになります。人間は、書いただの汚しただのと正反対の概念を当てはめて見ていますが、ネコが見れば同じなわけです。筆者が一生懸命に書いた習字の上に、うっかり墨をこぼして、くやしがっていても、ネコが見れば、おそらく「白い所に黒い跡があるニャー」というだけのことでしょう。これが第二行の場合の無記です。

自分の気に入るように、跡を付けるには、腕の制御が必要です。つまり筆を持った手を思うように動かせなくてはなりません。要するに練習です。同時に、余計な跡を付けないように注意しなければいけません。そうすれば書くという善が出現します。

練習もせず、注意も怠れば、汚すという悪が現れます。このことが、【表1】の右側の「無記を善に活かす制御」の列に挙げてあります。第三行以下は、ご自身で味わって頂き

表1

	悪	無記	善	無記を善に活かす制御
1	強盗	戸締りに精通	防犯	心の制御
2	汚す	跡を付ける	書く	注意と練習
3	走る凶器	自動車	救急車	注意と運転技術
4	壊す	変化させる	作る	希望通りに変える
5	怠惰の温床	温和な環境	疲労回復	環境の享受を誤らない
6	火災	火	煮炊き・消毒	火の用心
7	毒	化学物質	薬	飲み方の制御
8	腐敗	微生物作用	発酵	微生物の選択
9	下手な斉唱	歌詞がずれる	上手な輪唱	演奏技術は制御技術
10	下手な輪唱	歌詞が揃う	上手な斉唱	
11	磁石が狂う	磁気の残留	録音・録画	必要な所で発生させる
12	スリップ事故	滑る	潤滑	〃
13	景色が歪む	ゆがんだガラス	レンズ	ゆがませ方を制御する
14	眼が傷つく	眼中の異物	コンタクトレンズ	異物の材質形状の制御
15	ドス	先がとがった鉄のへら	メス	執刀者の心と腕の制御
16	けち	少しだけ使う	節約	心の持ち方（主体性）
17	破壊	爆発	エンジン	安全に爆発させる
18	殺人	手	生活に必需	心の制御
19	ごみ	粉体	資源	活かす
20	戦い	正義感	平和	心の制御
21	矛盾	超合理	協調・調和	心の制御

たいです。

繰り返しますが、無記を善として活かすための要点は制御にあるのです。

(八) 無記を活かした例

ここで、一つの無記なることを、善として肯定的に解釈するか、悪として否定的に受け止めるかによって、結果は大きく異なるという実例を示して参考に供したいと思います。

日本では、どこの企業でも、職場の改善提案運動が盛んで、これが日本経済を支えてきた一因でもありますが、その運動を促進指導するためのカエル・カードなるものが日本HR協会(HRとはHuman Relations)から売り出されていました。それは、縦9cm、横13cmほどの一枚の厚紙カードで、表には、「見方・方法・考えカエル」「提案で、あなたが変る、職場が変る」と印刷してあり、そのそばで蛙が逆立ちしているという気の利いたデザインのものでした。

そのほぼ真ん中に、二つ折りにするための折り目が一本入れてありましたが、折らないままで販売されており、定期券入れなどに入れておいて、しょっちゅう参照しようとするユーザーは、自分で二つに折ればよいようになっていたのです。筆者はそれをいつも百枚ほどストックしていて、折に触れては活用していました。

ある時筆者は、創造性開発の相談に来られた方に、そのカードを推薦し、目の前で二つに折って手渡しました。当然、話はそのカードの中に書いてある着想のヒントの方へ行くだろうと思っていたのですが、その人の注意はひょんなところへ移ったのです。

「こりゃ、折り目がまずいですなあ。両端が合いませんよ」

「そうですか、どれ」

というわけで見ると、たしかにカードの右端と左端は折った後で一致せず、裏側になる方の端が1mmほどひっ込んでいます。

「いや、これはわざとそうなるように、折り目が決めてあるんじゃないでしょうか。その方が開けやすいですから」

…………

(後になって、日本HR協会に問い合わせたところ、ことさらそのようにはしていないので、折り目の誤差でしょうという返事でした。)

話はたったこれだけのことですが、これには物事への対処に関する本質的なことが含まれていると思います。

普通の判断では、筆者の方が間違いで、お客の方が正しかったことになります。しかしここで、日本HR協会がどういうつもりで折り目の位置を決めたのかについて、正解が得られたところで、それが何になるでしょうか。それどころか、むしろ、うっかりすると、二人の会話は、どっちが正しいかという競走とか、勝負とかという方向へ曲って行って、声も次第に荒く甲高くなってゆくでしょう。

われわれ人間は悲しいかな、おれは正しく、他は間違っているとか、自分はひとよりも優位に立ちたいとかという、自己中心的・自己優先的な姿勢――「我《が》」(煩悩より出る錯覚)――というものを持っています。

実は、この「我」なるものこそが、一切の認識を狂わせ、一切のものごとを無意味の方向へとひん曲げ、一切の障壁、一切の葛藤の深因となっているのです。仏教で無我が説かれるわけの一つは、このためでもあります。

日本HR協会のカエル・カードの折り目の位置が、ある意図を持って設計されたのか、あるいは、たんに誤差が出てしまったのか、などという正否の分別は、この際、問題ではないのです。いかにして自分の会社の創造性を高めるかこそが、問題なのです。ところが心が事柄の正否に固着しているので、焦点がずれてしまいました。そこで話は目的の創造性開発へと、さらさらと流れては行かず、ひん曲がって「こりゃ、折り目がまずいですなあ」という言葉が出てしまったのではないでしょうか。（本書の冒頭【心構え】で述べた『学道用心集』の「己見《こけん》」とは、こういうのを言うのです。）

カードを折り目に沿って二つ折りしたところ、その両端が一致しなかったという無記なる物理現象を目の前にして、それをどのように活かしてゆくかが、未来を左右します。

これを、カード設計や印刷のずさんというふうに、悪として把握し、その関係者を見下すなどという気持は最低です。何の役にも立たないばかりか相手を不愉快にします。

逆に、その無記なる現象を善としてとらえ、自分の会社でカードを作る時には、くそまじめに厳密に真ん中で二つ折りにせず、少しずらせて折れば開けやすくなる、と受け止める方が、ずっと創造的であり建設的です。それを実行した後の、ものごとの展開は楽しみなくらいです。

前述のように、この客が帰られてから日本ＨＲ協会へ問い合わせたところ、ことさらそうしたということではなかったのでしたが、数日後に担当者から手紙を頂いて、これからは、「折り目をずらせることを、うちのセールスポイントにさせてもらいます」ということでした。ずれの活用です。さらに、この件を本に載せられる由だが、その書名などを教えてくれと添えられていました。

おかげで、いずれカードも開けやすくなるし、原稿の種ができ、出版前に読者を予約することもでき、日本HR協会と人間的関係を結ぶこともできたのでした。

もちろん、折り目は、きちんとずれるように制御して付けなければいけないことは、言うまでもありません。

これは「三性の理」の応用例です。活かすと殺すと、こんなにも差ができるのです。

これで「三性の理」の説明を終わりますが、詳しくは、拙著『退歩を学べ』(佼成出版社、二〇一一年)の第四章を参照下さい。

【二】❖「遊」に関して

（一）「遊」と主体性

ここでは、社会も調和し、われわれ人間個人も幸せになるための必要条件としての、「主体性」というものを、仏教ではどのように捉えているのかに付いて解説をします。

仏教では「遊《ゆう》」（あそび）は、非常に格が高い言葉になっています。その理由のひとつは、「遊」は仏教で大事な「主体性」を端的に示す言葉だからです。

因みに遊んでいる子供の気持を見てみれば、誰ひとりとして「〇〇ちゃん遊んできなさい！」と親から強制されて、いやいや遊んでいる子供はいません。ひとり残らず「自発」で遊んでいるのです。

「七仏通戒偈《しちぶつつうかいげ》」という次のような短いお経があります。

諸悪莫作《しょあくまくさ》　衆善奉行《しゅぜんぶぎょう》　自浄其意《じじょうごい》　是諸佛教《ぜしょぶつきょう》

読み下せば、

①もろもろの悪をなすことなかれ　②もろもろの善を奉行せよ

③みずから其《そ》の意を浄《きよ》うする　④是《こ》れ諸佛の教えなり

このお経で②の第二句までは善行の指導で道徳であり、まだ宗教ではありませんが、③の第三句に入ると宗教になるのです。その理由に二つあります。第一は、「みずから」で、自発的にということであり、第二は、「意を浄うする」で、仏教では、「信」とは、心を浄らかにすること、だからです。信とはありもしないものを、あると錯覚することではありません。

この第一の自発的について更に見て行けば、自発的は、「主体性」と言い換えても良いと考えられます。同じ事をしても、この主体性の有無で、その結果には天地の開きができてしまいます。

今日、一般の思考は外面的に偏して、唯物的で心の面が欠落しているように思われます。ですから、ゴルフやパチンコは遊びで、執務や販売や教育は仕事だというふうに考えられているようです。それを行なっている当事者の気持という内面的要素は、主たる問題にはされてないのではないでしょうか。

しかし、「遊び」は、まったく内面的な問題なのです。もちろん、内面は外面に影響しますが、遊びということを本質的に見た場合、出発点は、内面的な心の持ち方にあるのです。つまり、外面的な動作は何であっても、それを、

わが事として、みずから進んで行う

というのが遊びの条件です。

子ども時代に遊んだ時の気持を思い起こしてごらんになれば、遊びは必ず自分のものであったことに、気付かれるはずです。人に頼まれて、人のために、いやいや遊ぶということはありえません。あるとすれば、それは外見は遊びであっても、実質は仕事です。

いかに苦しいことであっても、自主的・自発的であれば、いやではありません。適例は登山です。自発だからこそ、登山は楽しく、遊びなのです。上司からの命令で、あんな苦しい重労働をしたとするならば、労働関係法規に抵触すること請け合いです。

今日なお、遊びは、仕事や勉強よりは次元の低いものだという通念があり、遊んでばか

りいる人間は、仕事の鬼や勉強家よりは、低く見られますが、本来、

「遊び」とは自主者の行為

をいうのです。またその姿勢を「自《みず》ら在《か》る《あ》」ともいうのです。

この考えに従えば、その行為が何であろうと、たとえば、期限が切羽詰った徹夜の作業であっても、のんびりとした散歩であっても、当人が主体性をもって行っておれば、「遊び」なのです。

易しく言えば、

主体性をもって行うとは、やらされているという気持がない状態

をいいます。

その裏付けとして『臨済録《りんざいろく》』（中国臨済宗の開祖、臨済禅師の言行録）に、「随処《ずいしょ》に主と

なれば、立つ処《ところ》みな真なり」（図4-1）という金言が二箇所も出ています。随処に主となるとは、如何なる環境にあっても主体性を失わず、他の束縛を受けない自在な状態でいるという意味で、全体としては、周囲の動きや情報などにひきずりまわされないで、逆にそれらを意のままに駆使してゆく主体性があれば、真に生き甲斐のある人生を生き抜くことができるという意味です。

また、その証拠として、中外日報社より出版された、五十嵐《いがらし》卓三《たくざん》老師著『観音さまの世界に遊ぶ』（図4-2）の表紙には「遊」が堂々と印刷されています。

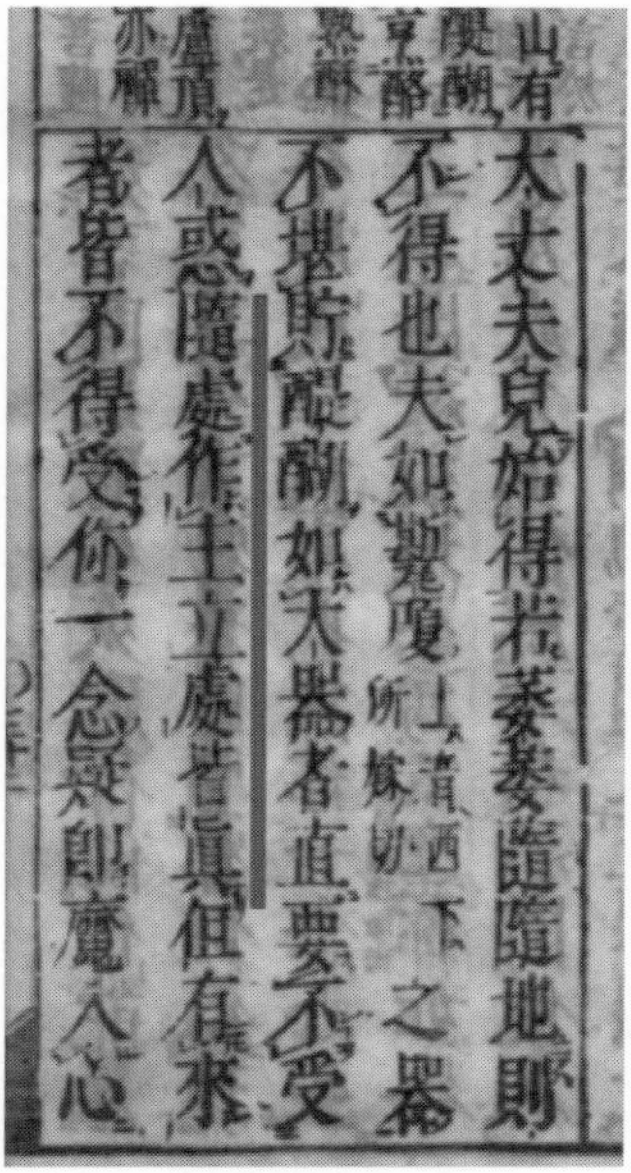

図 4-1　『臨済録』の一部

さらに、『妙法蓮華経《みょうほうれんげきょう》』観《かん》世《ぜ》音《おん》菩《ぼ》薩《さつ》普《ふ》門《もん》品《ぼん》第二十五（略称『観音経《かんのんぎょう》』）にも（図4-3）、

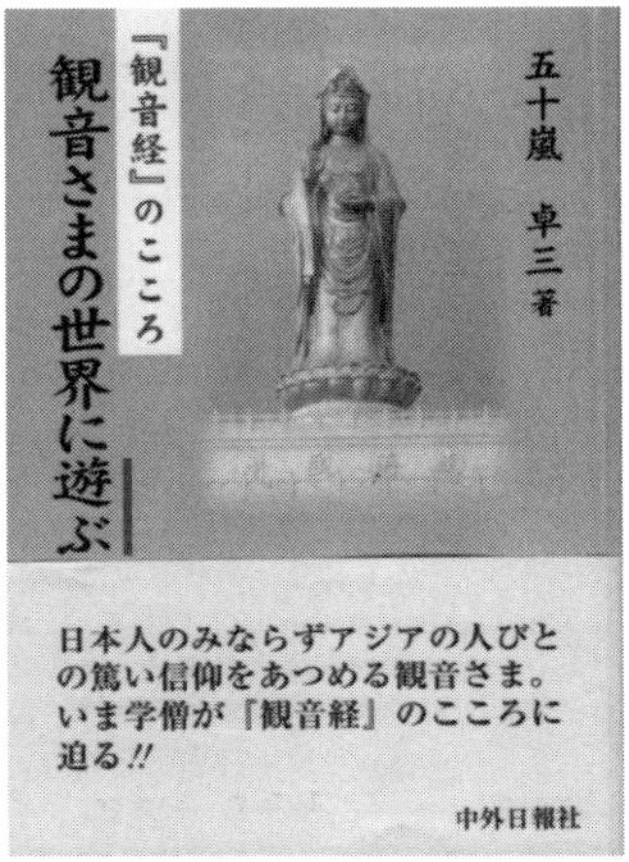

図 4-2　五十嵐卓三老師著『観音さまの世界に遊ぶ』
（五十嵐老師の許可を得て掲載）

遊諸国土度脱衆生

諸国に遊んで、衆生を、（度）悟らせ救う、と出ているほどです。

ともかく、「やらされている」という気持がある時は、主体性がありません。「みずから進んで事をする」というのが、大切です。

人間は誰もが、自分の意志でこの世に出て来たのではありません。「人間世界は面白そうだ、私は人間に生まれたい、お母さん生んで下さい」と頼んで生まれて来た人は一人も居ません。つまり、「気が付いたら人間だった」のです。そして成長し、大人になれば、生計を立てて生きて行かなければならないことになり、同時に、生きるということは、面白い事ばかりではなく、苦しい嫌なことも一杯ありますから、酒を飲んで、うさばらしもできましょうが、それは一日も経てば消えてしまいます。

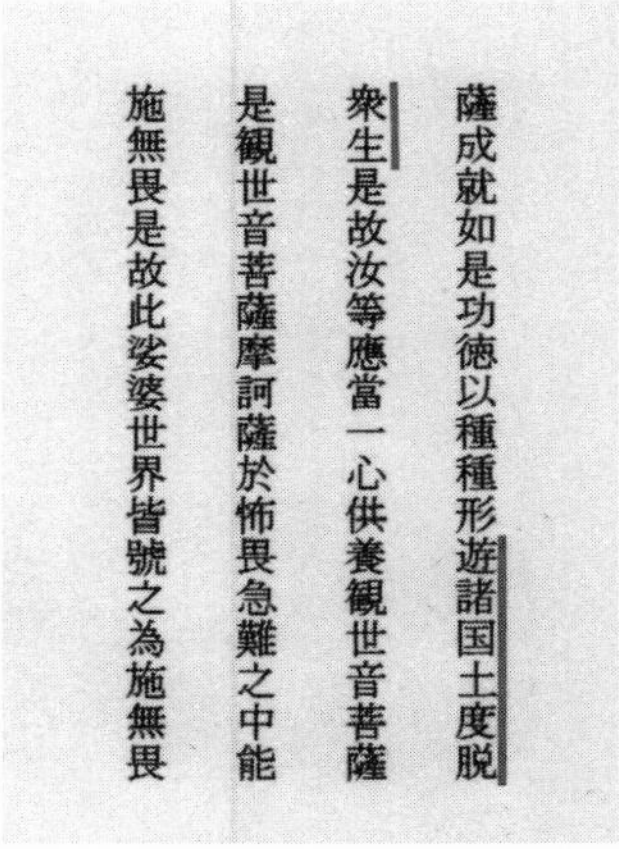
薩成就如是功徳以種種形遊諸国土度脱
衆生是故汝等應當一心供養観世音菩薩
是観世音菩薩摩訶薩於怖畏急難之中能
施無畏是故此娑婆世界皆號之為施無畏

図 4-3 『観音経』（省略）の一部

我々は、生きて行くのも苦しいことが多く、しかし自殺もしたくない、と思いながら生きているのが、正直な所ではないでしょうか。そこに仏教の出番があるのです。すなわち、

「楽しくないこの世を、楽しく生きる」

これを可能にするのが、仏教であり、その仏教が重んじるのが「主体性」であり、それを仏教では「遊び」といっているのです。

(二) 遊びは無目的的行為

仏教の目指すところを、別の言葉で表現すれば、すでに、【第二章 九、理解と理会、表現の矛盾と理会の矛盾】の所で述べたように、「矛盾を含みながら、矛盾がなくなった

状態になること」と言ってよいと思います。心がこの状態になった時、心の底の底からの深い安心感が得られ、自由自在の境地が訪れるのです。すなわち、事を行うにあたって、障害や、ひっかかりのない状態です。このことは、かつてのベルリンの壁が実証してくれました。自己が統一を欠いて分裂すると、悲惨なことになり、壁が消失し統一体が実現すると、幸せが訪れます。

本来、無障害ということは、統一体から発生するものです。分裂すると、悲惨なことになります。そして、壁が消失し、統一体が実現すると、幸せが訪れます。

ただし、ベルリンの壁はベルリン市だけのものではなく、わが国の社会にも、学園にも、家庭にも、同類の壁が存在し、われわれを悩ませ、不自在に陥れているのです。とりわけ注意しなければならないのは、自分の心の中のベルリンの壁です。これこそが、他のあらゆるベルリンの壁の発生源なのですから。

たとえば、タテマエとホンネとの不一致がそれです。それが生じたならば、自分の心中にベルリンの壁がたちふさがっているのです。それは心の二分裂で、本心では、したくはないのに、義理や利害関係から、表面は喜んだ顔をして事を行うという、大人社会に通常見られる現象は、当人の主体性の欠如という意味において、遊びでも自在でもありません。

それはごまかしに過ぎないと思います。

ともかく、主体性は、自己統一を形成する心のＣＰＵ（中央情報処理装置）、主体性は遊びの必要条件です。

ここでさらに、遊びに関する他の条件を探ってみれば、「ゆとり」が遊びの条件として挙げられることが多いのですが、筆者は、それよりも「無目的」あるいは「無心」を挙げたいのです。無目的か、無心でこそ、行為が純粋なもの、つまり遊びとなるからです。

遊びはそれ自体が絶対のものであって、「目的」対「手段」という相対概念を超えています。「何のために仕事をするのか」は質問としては意味を持ちますが、「何のために遊ぶのか」は聞くこと自体ナンセンスではないでしょうか。ですから、「何のために山に登るのか」に答えれば「そこに山があるからだ」というようなことになってしまうのだと思います。

ともかく、仏教では、「遊び」は格高く位置づけられてきました。遊学・遊説・遊戯《ゆげ》・遊行《ゆぎょう》などという言葉は、それを裏書きしています。そしてなによりも、「……あそばしました」が最高の敬語であることが、これを物語っているのです。

【三】❖物と人間

物と人間については、科学技術関係者はしっかりした見解を持つべきだと思います。それは、「物」に「仏性」を認めるところから始まると考えます。「物」に「仏性」を認めることは、「物」の心を知るということでもあります。そこで以下では、まず「物」の心を察するということの具体例を挙げ、終りには「物との会話」についての管見を披瀝したいと思うのです。

(一) トイレにドアは不要・掃除機は見えるところへ出しておけ

筆者の先輩に、池邊陽《きよし》という住宅建築を専門とされた先生がおられました。その先生の思慮の深さは凡慮を絶し、凡人には風変わりとさえも見えるくらいでした。先生は住宅・家具・道具などと人間との関係について、一般のわれわれには直ぐには理解しかねるほどの、非常に深い哲学を持っておられたのです。

たとえば、池邊先生はトイレにドアを付けることを嫌っておられました。もちろん仕切りを巧みに使って、用を足すのが丸見えになるようなことはありませんでしたが。

また、かつて電気掃除機が普及し始めた頃、筆者が「これからは、掃除機を収納しておくスペースを、押し入れや納戸に作らなければなりませんね」と言ったところ、即座に「いや、掃除機は外に出して、いつも見えるところに置いておくのがよい」と答えられて、筆者はその意味が分からず、キョトンとした覚えがあります。

さらにあるとき、「森君、人間が住む家は少し雨が漏った方が良いね。だけど豚小屋や鶏小屋は漏ってはいけないね」と静かにぽつんと言われたことがあり、筆者は面食らいました。これは、浅く考えただけでは、人間尊重の姿勢として、逆さのように思われます。普通は雨漏りがするような家は不良家屋だと思っていますし、どうせ殺して食べてしまう豚や鶏の小屋などは、少々雨が漏ってもかまわないというのが常識でありましょう。

先生は当然、人間の教育に関しても深慮がおありになり、直ぐには答を教えず、相手に考えさせることが大切だという姿勢を持っておられたので、「えっ！　どうしてですかっ？」と聞き返しても、先生は「ふふん」とおっしゃるだけで、そのわけを分かりやすく解説して下さるということはありませんでした。ゆえに、先生のたった一言で、筆者は二ヶ月間も考え苦しんだことが何回もあったのです。

筆者はこの雨漏りについての常識外れの発言の理由を、自力で考えないわけにはいかなくなってしまいました。もちろん、そこで考えることを放棄して、なんだか分からないことを言われる変わった先生だな、くらいですませてしまう手もないではないのですが、いやしくも、こちらも学究の徒ですから、答を教えてもらえないから、その分余計に食いついて、なぜだろうと考えざるを得なくなり、筆者は、池邊先生に考えるべく追い込まれてしまった格好になったのです。ですから、トイレのドアや掃除機の問題と共に、この雨漏りの件は、筆者には長期にわたる謎として、心底に残ることとなりました。

またあるとき、先生は二軒の住宅の設計を引き受けられたのですが、出来上がってみると、何と、それらの家は新築であるにもかかわらず、電気配線が壁の外にむき出しになっているという設計になっていたのです?! こんな家が売れるのか? と訝《いぶか》られましたが、すぐに二軒とも売れました。しかも興味深いことに二軒とも飛行機のパイロットが買ったのでした。一軒は日本航空のパイロット、もう一軒は全日空のパイロットだったのです。もちろんこれは偶然の結果で、両者が「あそこの家は良いから買おうじゃないか」と、飛行場で相談して買ったのではありません。

これは、この二軒の家にパイロットを惹きつける何かがあるに違いないと、先生は両人にそのわけを聞きに行かれたところ、両人とも異口同音に、「この家には、操縦席にいる安心感がある」と答えたとのこと。周知のように飛行機の操縦席には、エンジンをはじめ翼、脚、エアコンに至るまでの、その飛行機のすべての状態が分かるように各種の計器やディスプレーがずらりと並んでおり、パイロットはその表示を通して飛行機の安全を確認しながら飛んでいるわけですが、この感覚が自宅にも当てはまったのでした。周知のとおり、普通、電線は外に出ているとみっともないということで、壁の中で配線してあり、スイッチ・コンセント・照明器具だけが外に出ています。これでは、スイッチと電灯やコンセントとの対応関係が、いまいち、はっきりしません。しかし配線が壁の外に出ておればその対応関係は直感的に分かります。その点がパイロットたちの気に入ったのでしょう。(これに関係した電線については、後で論じます。)

(二) 得られた答えは

ところで、解けないまま問題意識として心に留まっている難しい問題は、心の深層で知らぬ間に熟成してゆき、あるとき卵が孵化するようにパッと解けるものです。

池邊先生から筆者に与えられたいくつかの難問、すなわち「トイレにドアは不要だという問題」「電気掃除機は、隠し込まずに見えるところに出しておけという問題」「人間の住む家は少し雨が漏った方が良いという問題」「電気配線を壁の外にむき出しにする設計という問題」は、先生の没後ではありましたが、あるとき全部が一度に解けたのでした。それを以下に述べます。

先生は、人はもとより「物」も非常に大切にされた方で、とりわけ下積みの立場にあるものには哀れみが深かったのです。この点に気が付きさえすれば、前記諸問題は全部解けます。

先生が他界されたのは一九七九年でしたが、それから時は流れて一九九五年、阪神・淡路大震災が発生しました。多くの避難所で翌日早速大問題になったのは、トイレの不足だったのです。緊急時には、美麗な絨毯や高価な絵画などは不要で、とにかく便器が最優先に不可欠だと思い知らされました。これでようやく池邊先生の謎を身にしみて分からせてもらえたのです。家庭内でいちばん必要であるにもかかわらず、もっとも嫌われている家具は便器です。ゆえに、それを押し隠すのではなく、きれいに掃除して見えるようにしてやって、人間は日々便器に感謝するがよい。トイレにドアを付けないという設計は、こういうことだと解釈して間違いはないという確信が、筆者には得られたのです。

電気掃除機についても同様で、掃除道具というものは、わが身を汚してでも人間の住まいを美しくするという犠牲的精神の持ち主です。仏教的に言えば、わが身を省みず、自分のことは後回しにして他を救う菩薩です。崇高な存在です。だから押し入れや納戸に押し込まずに、表に出しておいて、日々拝むがよいということだったのです。

では、雨漏りの件はどう解釈すればよいのでしょうか。それはプロセスの意義が分かれば解ける問題です。住宅で雨漏りがあったのでは当然困ります。それで、もしも雨漏りがすれば、そこに住んでいる人間はその雨漏りを修理して止めようと努めると思います。しかし雨漏りの原因点を突き止めることは容易ではありません。たとえば、天井の真ん中の電灯のあたりからぽたぽたと漏ってきたとした場合、その真上の屋根に穴が開いているわけではなく、思いもよらない遠くの点に原因があり、雨水はそこから梁などをずーっと伝わって天井の真ん中まで来ているということが多いのです。それで、この雨漏りの原因を究明する行為、すなわちそのプロセスが、人間を育て自分の家に対する愛情を深めるというのが、池邊説だったのです。先生は、住宅は、そこに住まう人々が休養して元気を取りもどすと共に、住宅によってより素晴らしい人間に育ってもらえるようにという願いを抱いて設計しておられました。鶏や豚には、原因追及とか、修理するなどといった能力はありませんから、彼らの小屋では雨漏りがあってはならないというのです。

(三) 電線は隠すな

先に、電気配線を壁の中に入れず、外に出しておいた方が、航空機パイロットには受けが良かったという話をしましたが、池邊先生のそのような設計の本意はもっと別のところにあったと筆者は考えているのです。

東日本大震災とそれに引き続いて実施された東京電力の計画停電で、一切合切が電気で動いている今日、言語に絶する不便を味わいました。もちろん電灯が点かないだけではなく、飯は炊けず、冷蔵庫の中身は腐り、エレベーターはストップし、工場での生産までが止まってしまう。それどころか病院での手術は途中で中止となる……。

「そのように大切な電気を運んでくれる電線を、われわれはなぜ醜いと嫌うのか。君には電線の気持が読めないのか。家具や絨毯を美しく作るのと同じように、どうして電線の外見を美しくしてやらないのか。文明の大恩人である電線を嫌うその心に、文明を敵に回す元があることに気が付かないのか。電線は見えやすい場所に配線して、日々感謝の念をもって拝むがよい……」このように先生の声が聞こえてきたのです。

電線メーカーに直言したい。電線が見えている方が、より部屋が美しくなるような電線、電線が喜ぶような電線およびその付属品である止め金具、を開発・製造して欲しい。値段は高価になってもかまわない。コストだのプライスだのと言いながら、絨毯や家具や絵画には金をかける人が多いのですから。電線を美しくし、電線が外に出ている方が、より部屋が美しく上等に見えるようにすることくらい可能ではないか。

（これに関し筆者は、街の配電線を地中に埋めて、景観をすっきりさせること、そのことにはあながち反対ではありません。地中配線だったならば、震災においても被害は少なくて済んだのではなかったでしょうか。問題は、埋める心にあるのです。電線が見苦しいから押し隠すのではなく、保護するためならば賛成です。「仏教」の立場からすればこのような発言になるのです。）

(四) 摩耗してゆくことが完成へ向かうこと──新品は未完成──

道具をはじめいろいろな物について言えることですが、新品を購入して使用しだす。この時が一〇〇。使用するにつれて、汚れ、傷つき、摩耗して、九〇、八〇、七〇、と点が下がってゆくと、一般には考えられているようです。

このように、人は完成状態を理想状態と認めるのが常です。ゆえに努力して、完成へと向かって一歩一歩近づいて行きますが、完成に達した後はどうなるのでしょうか。普通はそこで、完成状態を維持しようとする保守姿勢が顔を出しますが、しかし、すべては常に変化する諸行無常は真理ですから、人為的なものである保守などは太刀打ちできるレベルのものではありません。してみれば、完成直後からの変化は、衰退しかないことになってしまいます。

つまり、向上と完成との矛盾です。進歩向上が常なのならば、完成ということがあってはならないのが理ですが、完成こそが向上の目標です。

ここから、完成を是とし未完成を否定する姿勢にも、完成を否定し未完成を肯定する態度にも、欠陥があることが分かります。くり返しますが、禅では、このいずれの姿勢も

「一見に堕す」と言って、堕落とされています。完成と向上との矛盾をかみしめ、完成と未完成を両立させ、この正反対の二つを合一してゆくところに、じつに味わい深い高次元の世界が展開するのです。

ピアノに例を取れば、楽器メーカーの工場からピアノが出荷される時、製品という立場からは、それは完成品です。しかし、それを使う立場の人とそのピアノとの関係から言えば、買いたてのピアノは未完成品と言うべきなのです。

ピアノの練習にはげむ。はげめばはげむほど、腕は上達しますが、同時に、ピアノの中のハンマーのフェルトはすり減り、鍵盤は痛んでゆきます。普通は、ピアノのこの状況は、好ましい状態から遠ざかってゆくことと見られていて、その見方も間違いではないのですが、人間が弾くことによって、物理的には壊れてゆく過程そのものを、ピアノが完成に近づいてゆく過程と見る見方——すなわち退歩的見地とでも言いましょうか——を導入しなければ、完成と未完成の矛盾は超えられません。じつは、この観点に立って初めて、物と人間とが一体となって完成に向かうことが可能となるのです。

現今、この意味で未完成なまま廃棄される物がいかに多いことか。しかもそれでいながら、必要な顔をした不必要な製品が、ひっきりなしに追い打ちをかけているのではないでしょうか。経済の宿命だと高をくくっていてよいものでしょうか。資源枯渇を減らすためだけにでも、完成の意義を思い直したいと考えます。

(五) 修理した方が良くなる物――弱さが人を育てる――

前の、【(四) 摩耗してゆくことが完成へ向かうこと】の所で述べましたが、工場出しの新製品を一〇〇と規定し、使うにつれて九〇、八〇、七〇と価値が下がってゆき、そして普通は、故障したり壊れたりするとその価値が三〇にも急落し、修理してもどっても、せいぜい七〇くらいだと思われているようです。

しかし、修理するとそれが一三〇にもなる物があるのです。(あった、と言った方が当を得ているのかも知れませんが)――今日その姿はしだいに見られなくなってきましたけれど、それは障子です。

障子を知っておられる方はご承知のとおり、それはたいそう弱いものです。ちょっと突いたりしただけで簡単に破れてしまいます。それで人間は、その開け閉てはじめ、それを扱う場合には注意して行ったものでした。障子は、弱いがゆえに人間に丁寧な扱いを要求し、人はそれによって育てられたものです。障子を開け閉てする作法も伝承されてきたのでした。

ところが時代と共に、部屋も洋風化し、障子は減ってドアに代わって来ました。また、メーカー対ユーザー意識が濃厚になり、ユーザーはメーカーに丈夫なもの、ちょっとやそっとでは壊れないものを要求するようになったのです。その要求に合わない弱い製品は、欠陥商品と呼ばれ、メーカーはそれに応えました。進歩です。しかしここから、戸ひとつにしても、丁寧な扱いは遠のき、ドタンバタンという開け閉てが始まったのです。進歩によって人間はしだいに壊れてきたと言えるのではないでしょうか。皮肉に聞こえるかも知れませんが、丈夫なものを要求するユーザーの間においても、障子だけは弱いままで、欠陥商品とも呼ばれることなく存在し続けた時期もありました。古来の伝統の力だったのでしょう。

また確かに障子は弱いです。丁寧に扱ったとしても、うっかり破ってしまうことも少なくありませんでした。それについて、障子で素晴らしい点はその修理の仕方です。

進歩した今日では、修理と言ってもそのほとんどは、壊れた箇所を含む単位部分を新品に取り換えるという、交換になってしまっています。交換主義の修理とでも言いましょ

図 4-4　障子に紅葉

うか。その単位部分の中に、健全なまだ使える部品が付いていても、その健全部品も同時に交換され廃棄されてしまうのです。パソコンのＣＰＵ（中央情報処理装置）の中のほんの一点が不具合になっただけで、そのＣＰＵはおろか、見たところＣＰＵはほんの一部でしかないマザーボード全体を新品に交換するというのが、進歩した交換主義の修理なのです。九九％の生きた部品も、ついでに廃棄されてしまうのです。たとえ、回収されるとしても、このような修理は、物の殺生のような気がしてなりません。

　ところが、障子の修理はまったく違うのです。今日の交換主義の修理でしたら、一枠が破れた場合でも、障子全体を新品に取り替えてしまうのでしょうが、障子では破れた枠内の紙だけを貼り替えるということさえもしません。

　破れた部分を細い針の先などで丁寧に元にもどし、そこに色紙《いろがみ》を紅葉の葉や花の形に切り取ったものを貼り足して、破れを直すのです。すると白い障子全面の中に、その葉あるいは花が浮き立って（図4-4）、みごとな美しさが現出されるのです。新品で一〇〇だった障子の価値が、このような修理で一三〇にも上がるのでした。

交換主義の修理が進歩ならば、このような障子の修理は「退歩」と言えるでしょう。しかし退歩的修理の方が勝っているのではないのでしょうか。今日、修理すると一三〇になる物があるでしょうか。すくなくとも今日、障子の破れの修理を見直す必要が出てきたと言えます。

（六）物との会話

修理に関してですが、会話は人間の間だけのものではなく、「物」にも適用されるべき行為だと思います。

そこで、仏教が「物」というものをどのように考えているのかを説明しましょう。

仏教では「仏性」というものを非常に重要視します。この仏性（【第三章 三、「元」と「原」との違い、仏性】で述べました）とは仏になることができる性質のことで、宇宙のすべての存在が「仏性」を有していると仏教では説いて、人間だけでなく、石ころにも

――「仏性」が内蔵されているとして尊重するのです。

ところで、一般に経済生活において考えられる「物」というものは、人間の欲望充足の手段としての「物」です。つまり、人間の生活のために「物」を利用するという姿勢ゆえ、人間が「主」であって、物が「従」になっているのです。

この欲望充足の手段という立場から、さらに進んで「物」は資本増殖の手段にもなってきました。とくに財テクブームが現れてからは、このことは顕著です。

このような経済観においては、「物」は金に換算できる貨幣価値または使用価値として計算の対象となっていると思います。

しかし仏教では、「物」は計算の対象ではなく、合掌の対象です。「物」にも「仏性」が内蔵されていることが納得できるからです。すなわち、物と自己とが平等の立場・次元にあるとするのが仏教的立場なのです。もちろん仏教者でも、物を使用し、消費しますが、その物に、無限性と絶対性を認め、「仏性」として把握しているのです。

この姿勢によって、人は「物」が発している無言の声を聴くまでに心が練り上げられ、「物」と無言の会話もできるようになるのです。もちろん「物」からの声は、耳の鼓膜を振動させるような音波は出しませんが、真理という声なき声を発しているのです。問題はその声を聞くことができるかどうかです。

そこで「物」との会話の例を上げれば、たとえば蝶番《ちようつがい》がきしむ音がしたら、「油が欲しい」という声が聞こえる。そこで一滴油を差してやると、きしみ音は消える。蝶番は「有り難う」とか「ああ美味しかった」とかと応えてくれる。これなどはいちばん簡単で初歩的な「物」との会話です。

心の練り上げの程度にもよりますが、このように「物」の声を聴くことができるようになると、心はほんとうに豊かになるのです。

とにかく、これだけたくさんの「物」に囲まれてわれわれは生活できているのですから。たとえ家族が亡くなってひとりぼっちになったとしても、「物」とのこの会話を心得た人は、さびしくも孤独でもありません。さびしいから自殺しようなどと思うのは、とんでもないことです。

人間すべては「物」の世話になって生きていられるのですから、すべての人間は「物」の声を聴く必要があります。そして無言でもよいから「物」に礼を言う。

気持がこのレベルまで行ってはじめて、捨てるということの意味が本当に理解できると思うのです。

捨てるとは、ただ要らなくなったからあっちへやってしまうとか、じゃまだから外へ押し出すことではありません。捨てるとは世話になった物との告別です。ですから捨てるに際しては、それなりの気持を持つべきで、合掌してから捨てるとか、場合によってはお経を上げてから別れるのがよろしい。しかも別れるべきときには、執着なくあっさりと別れることが最高です。

今、一滴の注油によって蝶番と会話できることを述べましたが、誰の周辺にも、身近に、その恩恵を被っており、それなしには生きられない物が山とあります。

たとえば、眼鏡を掛けておられる方にとっては、眼鏡はその典型です。筆者も眼鏡なしには生活できない一人です。もちろん毎晩就寝前には眼鏡をきれいに洗ってはいますが、ある時、これまでは、そんな有り難い眼鏡に礼を言うことに気が行っていなかったことに、気が付きました。今では眼鏡を拭きながら「有り難う！　有り難う!!」とねぎらっています。

入れ歯や歯ブラシについても同様で、電気のコンセント、水道の蛇口、ガスコンロ、エアコン、冷蔵庫、茶碗や皿をはじめとする食器のすべて、食卓、机、椅子、ボールペン、鉛筆、紙、パソコン、プリンタ、あらゆる衣料、寝具……並べ立てれば切りがなくなるほどの物の世話になっています。まことに豊かなことです。

このように物と会話することを身に付けることができた筆者は、一切の物からの呼びかけが、迫ってくるのを感じたのです!! その大きな声が聞こえた!! それはゴーと響く怒濤のようなものだった。わが身を取り囲むすべての物からの声が合わさったので、すさまじいものだった。「あー、こんなにも沢山の物の世話になって生きているのだ!!」と痛切に感じたのです。それは筆者にとっては世界が一変した瞬間でした。同時に心がこよなく豊かになった気がしました。

ところで、こういった物との会話は、日常的なものですが、物を作っているときの物との会話は、これまた格別です。筆者の専門は技術で、いわば物作り屋ですので、物を作っているときの物との会話には、格別なものがありますけれど、これは本書の範囲を越えるので、割愛させて頂きます。

(七) 物観の向上と技道

戦後七十数年、すべてが打ち砕かれ焼き払われて、何もなくなり、次から次へと、必需品を作らなければならず、筆者たちのジェネレーションの者は頑張りました。そして幸いにも技術は発展し、高度経済成長期を経て、生きてゆくために必要な品々は満たされ、作るべきものはすべて作ってしまい、その後さらに技術は大発展し、今日の爛熟期を迎えたのです。

そこでお叱りを頂くかもしれませんが、することがなくなった今日、無理になすべきことを考え出し、本当は不必要なことを、必要だとして技術開発を進めなければ、経済が回って行かなくなってしまったような気がしてなりません。

これは筆者だけの感じでしょうか。複雑化は進歩の代名詞であり、とくに電気通信・情報通信世界の複雑さには、とてもついては行けなくなりました。すべてはブラックボックス化して中身は不明で、そこにカタカナの略語の洪水が輪を掛け、何が何だか全貌は分からなくなってきています。宣伝は便利さを歌い上げていますが、ユーザー側は「もう便利さなど結構だ」という人が多いのではないでしょうか。

こう言うと、技術否定や物作り不要論のように受け取られるかもしれませんが、そうではなく、人間は物を作らなければ、人間でなくなります。基本的に、物なしには人間は生きられないからです。

すなわち、一方では、便利はたくさんだとなり、他方で物を作り続けなければならないというわけで、この二律背反を、どう乗り越えて進むかにこそ、今日の最重要課題があると筆者は熟慮しているのです。

しかし有り難いことに、一つの救いの道は開けています。それは「道《どう》」です。

多くの事に、自己否定の原則というものが作用し、もともとの目的を乗り超えて、行き着いた先では「道」として高められて来ました。

剣術は人命尊重、暴力否定の今日、あってはならないものと言えましょうが、「術」を「道」に入れ替えた「剣道」は廃れてはいないどころか、平成二十四年からは、中学校でも武道が必修科目となったのです。人殺しを目的とせず、人間育成を目指すからです。

弓でもそうです。弓術は敵に矢を当てることを目的としますが、これが弓道に格上げされると無心を教え、的に当てようという気持は邪心とされるのです。

茶はおいしく淹れて飲めばよいだけですが、茶道になると、茶を入れることを超えた高度の芸術文化です。

そこで、救われの道は、技術を「技道」に格上げするところにあると究考できるのです。

茶道が茶を飲むことを捨てていないように、技術が便利追求を捨てずに、しかもそれを乗り超えて、人間育成と心の整備に向かうとき、はじめて、それは「技道」となって人を救うのです。これは、筆者が創始し実践してきたロボットコンテストで実証済みのところでもあります。

ともかく、「物」を人間が便利をする材料・手段と見るこれまでの進歩的物感（あえて観とせず感とした）を変革して、「物」を尊重する退歩的物観へと切り替え向上しなければならない時が来ていると思われるのです。

その根本的な考えこそ、「二元性一原論」なのです。

ところで最後に、気付かれたかどうか、この節の表題は、「物と人間」で、「人間と物」ではないという点について一言申し述べておきたいと思います。

普通ならば、人間が上で物が下で、「人間と物」とされますが、前述のように、物と人間とは平等ではありますが、物に仏性を認め、物から習うので、物は師として先に書き、「物と人間」とするのが仏教の立場なのです。心して味わって頂きたいと思います。

【四】❖「一つ」に捕らわれると、「一つ」でなくなる

禅の古書に『信心銘《しんじんめい》』というのがあり、短く、一見簡単に見えますが、その冒頭に、「一つ」に関して重要なことが、左記の様に述べられています。

二由一有　一亦莫守

これは、「二は一に由《よ》りて有り、一も亦《また》守ること莫《なか》れ」と読みます。

内容は、本書のように、「一つ」は大事だが、「一つ」は大事だと強調すると、うっかり、「一つ」に固執するようになり、

一つ――OK
二つ――NO

という姿勢に陥ってしまい、気が付いてみれば、この姿勢こそが「二つ」になってし

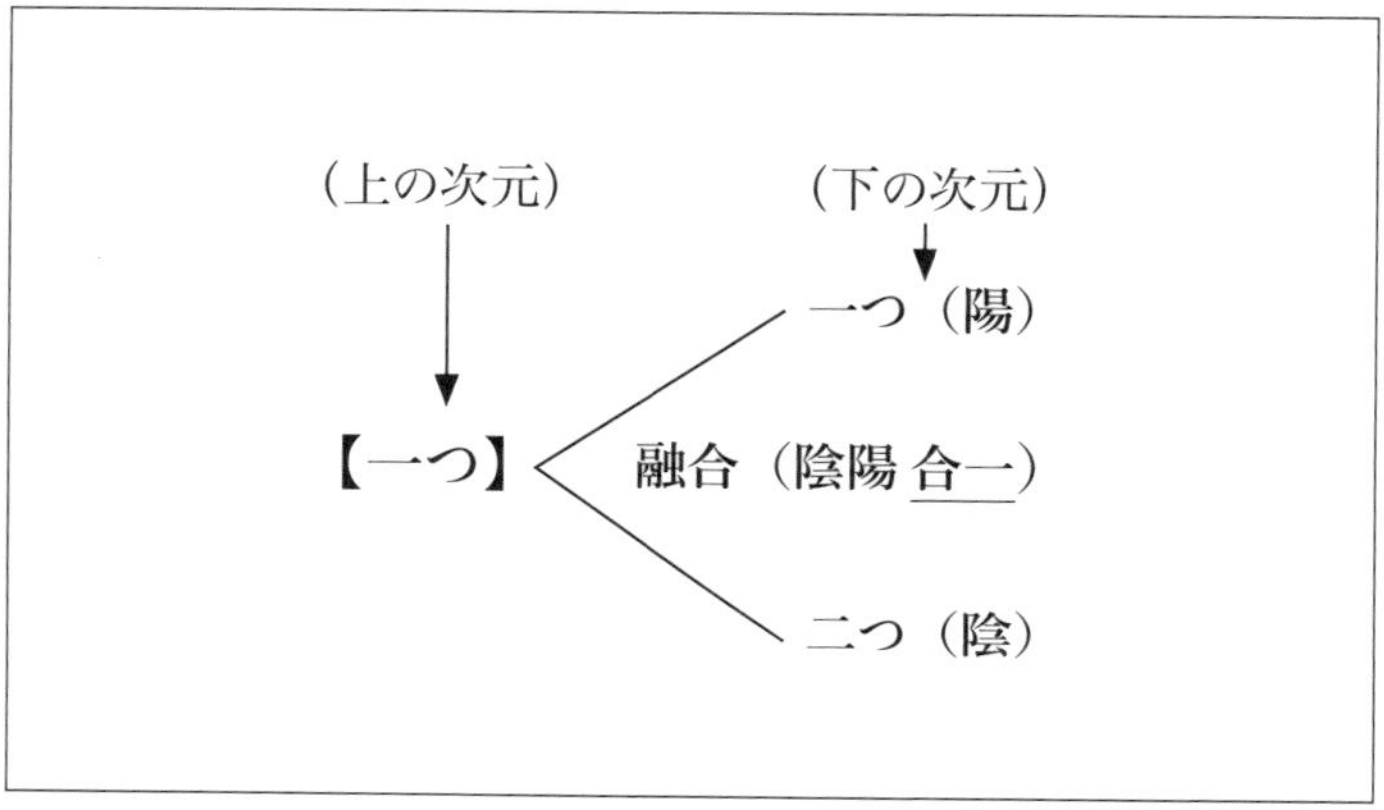

図式 4-2 「一つ」

まっている!! と言うことで、『信心銘』の冒頭はここに注意しろとの警告を出しているのです。すなわち、【図式4-2「一つ」】が成立します。

これも仏道の最終姿勢、「とらわれるな」の一つと言って良いはずです。心すべきことなのです。

【五】◈ おわりに、真正成壊《しんしょうじょうえ》

「原」のハタラキを端的に表す言葉に、

「真正成壊《しんしょうじょうえ》」

があります。この成壊は、成住壊空《じょうじゅうえくう》という、あらゆるものの変化の位相を示している言葉から来ているもので、その内、

・「成」は、ものごとが成立すること、
・「住」は、出来上がったものが、しばらくそのままの状態で続くこと、
・「壊」は、それがやがて壊れて、
・「空《くう》」に帰ることを表しています。（ただしこの場合、「空」の使い方が、「把捉できない」という意味ではなく、「無」に近い意味で用いられている）

真正成壊は、このように「万物が変化することが、本当に正しい」ものだと、主張した表現と、筆者には思われるのです。

この表現は、『臨済録』に見られるので、禅宗ではこれが使われていますが、別の表現としては、『倶舎論《くしゃろん》』では「生住異滅《しょうじゅういめつ》」（四相《しそう》という）が、また仏教一般では「諸行無常《しょぎょうむじょう》」が使われています。

ともかく何れにしても、この万象の変化は、小は、私たちの体を作っている細胞の一つ

一つも、中は、草原や庭の草木も、大は、都市や建築物も、超大は、天体も銀河系も、すべてみな、それぞれにおいて成住壊空を繰り返して生きているということです。端的に言えば、「動」を本性とした、生じては滅すという法則です。

そこで、ここから学ぶべきことは、
①高次元の意味では、我々は生き通しであるということ。
②この、高次元の生き通しの観念から、仏教上の多くの祖師方の死生観が出ていると思われます。たとえば、道元禅師著『正法眼蔵』の「生死《しょうじ》」の巻。
③従来この種の話では、滅びる、死ぬ等、ネガティブな捉え方が多かったのですが、生まれる、できる等、ポジティブな受け止め方も、同様の確率であるはずです。
④我々として大事なことは、学問でも、修行でも、完成したと思ったら、自ら積極的に、その完成をぶち破って、再度ゼロから新鮮な気持でやり直し、築き直すことであると思われます。これが変化に苦しめられず、主体的に変化を作り出して行き、自然に溶け込んで「自然《じねん》」になることだと熟慮されるのです。

これで、振り出しへ戻りますから、ここでワープロを閉じさせて頂きます。

付　録（般若まとめ）

本書では、仏教の智慧の核心として「般若」とその周辺について述べましたが、かなり煩雑に傾いた気もするので、以下に般若の要点をまとめて、読者のご参考に供したいと思います。

〈般若の特性〉

①「原」は、考えたのでは、気付かないもので、忘れなければ気付かないもの。その気付くのは、般若という直観智によってである。

②気付かれたものは全体で、般若自身も自分自身もその中に含まれており、対象ではない。もしも、気付かれたものが対象ならば、自分は含まれず、自分対対象と、相対的になってしまい、気付かれたものは全体ではなくなる。

③「原」は、「止められない車は走れない」という特性を示す。

④つまり、正反対のものの同居である。（右記の③もそうだが、）「目的の中に手段が、手段の中に目的が、含まれている」という特性を示す。

〈般若のハタラキ〉

⑤（元々生得の般若は備わっているが）般若は悟ってから出る智慧。

⑥般若は「如実知見《にょじつちけん》」で、流動的に諸行無常で変化しているものを、ありのままに「知り・見る」智慧、真理を洞察する智慧。しかし、般若自身も流動的に変化しているので、般若は言葉では表現できない。

（これに対して、言葉で表される識は、対象を割り切って判断するので、対象を静止的に摑《つか》む。故に明晰だが、表現されたものは実相（本当の現実）からは遊離したものである。）

⑦般若は流動的な智慧。心は無常で、絶えず動いているので、そこで活動する般若の智慧も流動的。故に、般若は摑めない。摑めば般若でなくなる。摑めないから般若は「空の智慧」とも言われる。

⑧般若波羅蜜を行ずるとは、変化する現象世界を変化するままに見ることで、そのため

には、（自我への）執着を捨てる必要があり、この「ありのままに見る智慧」が般若。すなわち、

⑨識の判断の背後にあって、心の変化するままに、自らも変化しながら理解する作用が般若の智慧。

⑩般若は自ら変化しつつあるのだから、対象に執着することはない。この無執着の智慧を「空の智慧」と言う。

⑪「執着を持たないこと」を「空に住する」と言う。

⑫般若には、（1）根本無分別智と、（2）後得分別智がある。縁起を知る智慧が、（2）の後得分別智である。（次頁⑳）

〈般若への我々の態度〉

⑬生得慧の般若を、「戒」と「定」で強めることが大事。すれば慧（般若）が得られる。

⑭般若は言葉では表現できないが、言葉によらなければ、仏の悟りも他に伝えられない。

⑮摑んだと思っているものは、自分の心が作り上げたもので、生命もその一つ。

⑯「自我」も自分の心が作り上げた変化しないもので、これが「苦」の原因。

⑰自我は、識が心の中に「作りあげたもの」で、本来、自我というものはない。

⑱「般若波羅蜜」とは、空の智慧に安住すること。

〈般若に関する注意事項〉

⑲識は対象を割り切って判断するので、対象を静止的に掴む。そのため自己の心中に「自我」という固定的なものを作りあげる。しかし実際には自己は絶えず変わっていて、固定的な自我は存在しない。ただ自己の変わり方が緩慢なので、識はその変化を無視するのである。

⑳縁起の理解は、般若の智慧（の内の、後得分別智）による。「識の認識」からは、生じない。

以上

合掌

あとがき

書き終わってみると、十分注意したつもりでしたが、難解な感じのものになってしまった気がします。これは、やはり、般若・空・無という表現不可能なものを、あえて表現した結果だと思います。龍樹菩薩様を始め、多くの仏道諸先輩が、表現に苦労されたことを、身にしみて分からせて頂けました。

同様に、「二元性一原論」という表現には、後藤榮山老大師のご苦心が表れており、【図式1-1「切る」】（二二頁）に始まる、三角形による表現も、筆者が苦労したものです。

また、仏典には「非」という文字が多用されていますが、本文にも示したように、これは英語の not と考えると意味が分からなくなります。「非」は超えると、お考えください。

筆者は昔、『「非まじめ」のすすめ』（講談社文庫、一九八四年）という著作を上梓して、そのとき初めて「非」の意味をハッキリと知った次第でした。夏目漱石の作風が「非人情」ということは、高等学校で習いましたが、その頃は、「非」の意味が全く分かっていませんでした。当時は、倫理、道徳に頭が氷のように凝り固まっていて、価値観を超えて非価値の世界へ入るなど、思いも及ばぬことでしたが、仏教を学ぶようになってから、初めて「非」の意味を分からせて頂いた次第です。そして「非」は、倫理、道徳以上に、人間にとっては大切なものだという位置づけになったのです。事実、そのつもりで生きてみましたら、殆どのことが大変スムーズに進みました。つまり氷が水になったわけです。【第一章 二、水俣での実例】と、【第一章 三、中学ロボコンでの実例】は、それを表したものです。

本書では、一見、「言葉」というものを悪者のように扱いましたが、それは読者の方々を言葉では表現不可能な世界へご案内するためで、二見を避けるために言えば、言葉も非常に大切なものです。しかし日頃、言葉を使わない世界へ入られる練習はお薦めします。日常のことに対しても洞察力が向上するからです。たとえば、安倍元総理の国葬の時、世論から離れて（つまり、言葉を使わずに）見ましたら、それは、国葬の妥当性よりも、今日の世界情勢に対処した、特定の国を刺激せずに重要外交ができる、絶好のチャンスであるという意味が、ハッキリと浮かび上がったのでした。

ともかく筆者は、仏教の一番の核心、般若に皆様をご案内したい一念で書き上げました。

それが本書です。どうか皆様、筆者の意のあるところをお酌み取り頂き、「識」のみの世界から、般若、直観の世界へも入られて、自己の制御を身に付けられ、物からの、声なき声が聞こえるように成られることを、お祈りして止みません。

最後に、ご多忙の中を、本書出版にご尽力頂いた、佼成出版社の大室英暁氏と金子友亮氏に篤く御礼申し上げ、あとがきとさせて頂きます。

二〇二三年二月一五日、涅槃会《ねはんえ》の日に

森 政弘 しるす

森 政弘（もり・まさひろ）

一九二七年（昭和二年）、三重県に生まれる。名古屋大学工学部電気学科卒業。工学博士。東京大学教授、東京工業大学教授を経て現在、東京工業大学名誉教授、日本ロボット学会名誉会長、中央学術研究所講師を務める。ロボットコンテスト（ロボコン）の創始者であるとともに、「不気味の谷」現象の発見者であり、約五十年にわたって仏教および禅の勉強を続け、仏教書の著作も多い。紫綬褒章および勲三等旭日中綬章を受章、ＮＨＫ放送文化賞、ロボット活用社会貢献賞ほかを受賞する。

おもな著書に『機械部品の幕の内弁当―ロボット博士の創造への扉』『作る！ 動かす！ 楽しむ！ おもしろ工作実験』（共にオーム社）、『今を生きていく力「六波羅蜜」』（教育評論社）、『親子のための仏教入門―我慢が楽しくなる技術』（幻冬舎新書）、『退歩を学べ―ロボット博士の仏教的省察』『仏教新論』（ともに佼成出版社）等があり、共著に『ロボット工学と仏教―ＡＩ時代の科学の限界と可能性』（佼成出版社）がある。

般若　仏教の智慧の核心

2023年 4月15日　初版第 1 刷発行

著　者　森　政弘
発行者　中沢純一
発行所　株式会社佼成出版社
〒166-8535　東京都杉並区和田2-7-1
電話　(03) 5385-2317（編集）
　　　(03) 5385-2323（販売）
URL　https://kosei-shuppan.co.jp/
印刷所　亜細亜印刷株式会社
製本所　株式会社若林製本工場

◎落丁本・乱丁本はお取り替えいたします。

ISBN978-4-333-02899-3　C0015　NDC181/160P/20cm

仏教新論

《電子版あり》

森　政弘

◎四六判／264頁　●本体1800円＋税

東京工業大学で長く教鞭を執り、ロボットコンテストの創始者として知られる著者渾身の書き下ろし仏教書。長年の仏教研究の末に著者は、仏教思想はすべて相反する二つのものが融合して「一つ」になっている（二元性一原論）という視点に辿り着いた。この「一つ」が解れば仏教が解るが、「一つ」を理解するには理性を超えた「直観」が不可欠であるという。仏典や文学作品、コンピューター理論等を読み解きながら、読者を「直観」そして「一つ」へと導いていく。臨済宗龍澤寺専門道場師家・後藤榮山老大師推薦。